W'

万榕

传播新知 优美表达

教育就是养成习惯

——叶圣陶 著

万卷出版有限责任公司
VOLUMES PUBLISHING COMPANY

ⓒ 叶圣陶 2022

图书在版编目（CIP）数据

教育就是养成习惯 / 叶圣陶著. — 沈阳 : 万卷出
版有限责任公司, 2022.7（2025.4重印）
　　ISBN 978-7-5470-5939-5

　　Ⅰ.①教… Ⅱ.①叶… Ⅲ.①叶圣陶（1894-1988）
- 教育思想 Ⅳ.①G40-092.7

中国版本图书馆CIP数据核字（2022）第032323号

出 品 人：王维良
出版发行：万卷出版有限责任公司
　　　　　（地址：沈阳市和平区十一纬路29号　邮编：110003）
印 刷 者：清淞永业（天津）印刷有限公司
经 销 者：全国新华书店
幅面尺寸：145 mm × 210 mm
字　　数：212千字
印　　张：10
出版时间：2022年7月第1版
印刷时间：2025年4月第5次印刷
选题策划：王会鹏
责任编辑：李　明
责任校对：张兰华
版式设计：任展志
封面设计：任展志
ISBN 978-7-5470-5939-5
定　　价：45.00元
联系电话：024-23224081
邮购热线：024-23224481

目　录

教育的力量是一个不可否认的信仰
——论教育与教学

教育与人生   3

读教科书不是最后目的   7

读书的态度   11

读书和受教育   13

今日中国的小学教育   17

升学与就业   30

受教育跟处理生活   33

国文教学的两个基本观念   36

中学国文学习法   45

认真学习语文   59

略谈学习国文   70

"教育"就是"养成好习惯"
——论素质教育

"习惯成自然"　　　　　　　　　　　77

两种习惯养成不得　　　　　　　　　80

自己受用　　　　　　　　　　　　　83

"为己"　　　　　　　　　　　　　　85

改善生活方式　　　　　　　　　　　88

充实的健全的人　　　　　　　　　　97

略谈音乐与生活　　　　　　　　　　100

"生活教育"——怀念陶行知先生　　103

关于青年的修养　　　　　　　　　　106

一辈子阅读是一辈子在积蓄与长进中
——论阅读教育

书·读书　　　　　　　　　　　　111

读些什么书　　　　　　　　　　114

略谈学生读书　　　　　　　　　117

阅读是写作的基础　　　　　　　119

给与学生阅读的自由　　　　　　123

给少年儿童多介绍课外读物　　　125

精读的指导——《精读指导举隅》前言　　131

略读的指导——《略读指导举隅》前言　　146

中学生课外读物的商讨——教育播音演讲稿　　164

把生活与作文结合起来
——论写作教育

作文论 179

写作什么 221

怎样写作 228

开头和结尾 235

谈文章的修改 245

作自己要作的题目 249

教师与家长都是负有教育责任的人
—— 论学校教育与家庭教育

给教师的信　　　　　　　　　257

教师的修养　　　　　　　　　274

教师必须以身作则　　　　　　280

教师怎样尽责任　　　　　　　285

教育工作者的全部工作就是为人师表　289

父母的责任　　　　　　　　　292

献给做父母的　　　　　　　　296

跟高小和初中毕业同学的家长谈谈　300

教育的力量
是一个不可否认的信仰
——论教育与教学

教育与人生

在讨论教育与人生的问题之前，我们先看什么是教育，什么是人生。

教育的意义究竟是什么？许多人认为，教育是"成熟的人对未成熟的人，以一定的目的方法使能自觉"。这种说法固然不能说不对，但总有些空泛。又如杜威所谓"教育即生活"，舒新城所谓"教育是启进人生的活动，其目的在于为社会创造自立的个人，为个人创造互助的社会；其方法在利用社会的（自然环境及社会环境）刺激，使受教育者自动解决问题，创造生活"（见《教育通论》）。这些理论也偏于空疏，没有切实道破具体的教育的意义。

我以为教育应该指学校教育而言。所以教育是用学校作为工具，把旧有的知识系统传授给继起的青年，使他们养成一种适合于既成社会的人格，以维持和发展这个社会。所以教育是人类获得生存资料和经营生活的一种工具。教育本身并非目的，而是工具。这种工具，大而言之可以挽救国家社会，小而言之可以指导个人，改造个人的错误，实现个人的本能，它的作用是很大的。

人生的意义是什么？所谓"人生"，系包括人类的物质生活和精神生活而言。各人对于人生的见解，就是所谓"人生观"。

认为人生是快乐的，就是快乐的人生观；认为人生应该献身于国家与社会的，就是责任的人生观。各人的环境不同，着眼点各异，因而各人的人生观亦不一致。学校教育的目的就在于使学生养成正确的人生观，因而不能不注意教育与人生的关系。

教育与人生的关系，大致有后列三点。

一、以教育认识自己。天下最可怜的事情莫过于自己不认识自己。有的人因为不认识自己，走入歧途，一切堕落，事业不得成功，甚至危及生命，这是何等的危险。

认识自己有两方面：一为自己的主体，或称"自我"；一为自己的环境，或称"外物"或"客体"。单是自我，不会有正确的认识；单是被认识的客体，也不能认识自己；必须明白了主体与客体的关系，认识了环境，方能认识自己。所以我们首先要认识的就是我们的环境。我们的行动与环境发生密切的关系：环境有支配或决定人生的力量，同时又有引诱人生入于某种途径的力量；我们受种种外物的支配和引诱都是必然的，不是偶然的。所以要认识我们的环境，我们的行动才会有目标有意义，不至于成为盲目的不正当的行为。

在认识环境之后，应当认识自己的本身。认识自己的本身，最主要的是自己的地位。一个人能否尽自己的责任，就以认识自己的地位与否为先决的条件。各人的地位本来是环境的反映，但是适应这个环境因人而不同，不是机械地受其支配而已。所以对于环境，就有能否适应的分别。所谓适应，既非屈从，又非反抗，乃是恰当利用环境之谓。要利用环境，除了认识环境之外，第一要注意自己所处的地位，第二是自己的能力，第三是自己的能力在所处的地位能够发挥的作用。所以环境的认识和自我的认识都是必要的。

认识客体的环境和自我主体的地位，不是一件容易的事情，必须有相当的知识学力，才能辨别是非，分清黑白。这当然是教育的责任了。教育不仅要增加学生的知识学力，同时也要引导学生走入正轨，使其了解世界的大势，本国的情状，以及学生所负的使命和个人所处的地位。

二、以教育革新自己。既然认识了自我与环境，就应当从事于革新自己。革新可以分两个方面来说。

一方面是铲除一切障碍物，如虚荣心、怠惰心等。一般人很容易受这些魔力的支配，自己不能节制自己，这是人类本性上的缺陷。但人类的本性也具有许多优点，如仁爱、求知等。我们应当发扬自己的长处，铲除这些短处。

另一方面是革新过去的错误观念。我们认识了环境和自己的地位，就应当铲除以往的错误观念，向新的路线上走去。一个人总有自己的人生观和宇宙观。较进步的人对社会更有认识，这种种认识，构成了人类行为的基础。我们在认识了环境和自我之后，对这种种当然会有相当的认识。在我们的本能中有除旧布新的成分，同时也有迷恋过去的成分，所以革新过去的错误观念，便非常重要了。

要铲除一切障碍物，革新过去的错误观念，必须在教育上下功夫。因为怎样铲除虚荣心、怠惰心，如何革新错误观念，是要以教育力量为原动力的。

三、以教育成就自己。由认识自己而革新自己，由革新自己而成就自己，是一种自然的步骤。如何才能达到成就自己的目的呢？这当然有研究的必要。我以为应当按照自己的所长和所好成就自己。譬如性情爱好理科的，就可以在理科方面努力；爱好文学或政治经济的，就可以在文学或政治经济方面努力。这样作去，是很容易成功的。要使人们都能够这样成就自己，非借助于教育不可。可见教育对于人生所负的责任真是不小。

以上三件事，无论缺了哪一件，都很难成为健全的分子。今后的教育应当从这三件事着手，尤其对于中学生，更应当特别训练。希望负有教育责任的人注意。

1934 年 5 月 12 日发表。

读教科书不是最后目的

一个住惯了都市的青年到乡间一家亲戚家里过暑假，那亲戚家里种植着一些花木，跑出门去，又随处可以见到田亩和树林，他开始对植物发生了兴趣，时时去观察它们。真的，他还是第一次同植物亲近呢。在都市里，他看见的是鸽子笼似的房屋，灰白色的水门汀地，以及车来人往的街道，只有学校廊下排列着的几盆盆花是他仅见的植物。现在他每天和各种植物为伴，觉得什么都是新鲜的，随时有新的解悟。他看见多数植物的新芽从叶柄的地方生出来，纠正了他以前的见解，在以前，他以为新芽的萌生处所全是没有规律的。他又看见一些植物的花蕾早已预备在枝头了，如山茶的花期在冬春之交，绣球的花期比山茶还迟一点，但是在夏季都有了花蕾，这使他觉悟向来的错误，在向来，他以为一切植物的花蕾都要到了花期才生出来的。一天，他把他的新经验告诉我们，说："关于这些，植物教科书上都没有提起，莫怪我要误会了。若不是这个暑假有了观察的机会，这种误会不知道要延长到什么时候呢！"

我们相信一个农家的孩子或是种花的园丁决不会有这种误会。他们并没有读过植物教科书，甚至不知道有植物什么的名词。而郑重其事地，为了研究植物而读了植物教科书的，偏会发生这种算不得轻微的误会。可见仅仅读植物教科书决不是研究植物的妥当办法了。

依通常说，学生所要求的是知识。说得更切实一点，那便是生活经验。生活经验不是随便谈谈随便听听就可以取得的。必须把外界的一切融化在我们的生命里，使我们的生命丰富而有所作为，才算真个①取得了生活经验。外界的一切"杂然并陈"，为摄取的方便起见，不得不把它们分个门类，于是学校里就有了各种的科目。每一种科目如果漫然去学习研究，势必混乱而没有头绪，为有所依据起见，不得不给他定一个纲领，于是学校里就有了各种的教科书。读教科书并不是进学校的最后目的，最后目的乃在取得生活经验。必须一方面依据教科书上所定的纲领，一方面不忘记和"杂然并陈"的外界的一切打交涉，这个最后目的才可以达到。仅仅知道一些文字记录下来的纲领，此外再不做什么工夫，那是绝对不行的。

仅仅读植物教科书而不去亲近植物，只能算没有懂得植物。像前面说起的青年那样，直到同植物亲近之后，他才觉悟从前见解的错误，他才真个懂得了植物。教科书只是文字而已，间或插一些图片，也不

---

① 为了尊重作品原貌，也为了保持作者的语言风格，未对"真个""给与""决不""发见""那末""罗嗦"等词语做修改，特此说明。——编者注。

过一瞬间的静态，不要说万万传达不出事物的真相，就是和活动影片比较，也相差很远。往往有这么一种情形：实地观察原可以一目了然的，教科书中连篇累牍写了一大堆还是不能教人明白。这不一定由于编书的人本领差，要知道文字的功用自有它的限度。还有，譬如读生理教科书，一章是消化系统，一章是循环系统，如果不去取一匹动物来解剖，也不省察自己的身体来理会，定会设想这些系统是各各独立的，谁和谁没有关系，好像都市中埋在地底下的排水管和电线管。这也不能怪编书的人，身体中的各个系统原是息息相关的，可是编书总得分了开来一章章地编。最要紧的是教者学者都要认清楚：教科书不过是个纲领，是宾，真实的事事物物才是教学的材料，是主。教明白了教科书，记清楚了教科书，算不得数。必须学者真个懂得了真实的事事物物，方才是教者教到了家，学者学到了家。

不仅理科方面的科目如此，其他科目也是一样。试把国文来说。国文，好像全是书本上文字上的功夫了，然而它和实际生活也密切地联系着。你研究一句句法，必得问实际生活中这样说法是不是妥当；你研究一个字眼，必得问实际生活中这个字眼该怎么使用，这才能读一篇文章得到一篇的好处。如果你不问这一些，单从书本上文字上去揣摩，玩弄什么神妙呀生动呀那一套把戏，那只能做成功一个书呆子而已，读完一部国文教科书准保你写不来一张字条子。

读者诸君中间有相信读教科书便是进学校的最后目的的吗？如果有，我们特地在此提出劝告：快把这个信念丢开了吧，因为这是个要不得的信念。教科书好比一张旅行的路程单，你要熟识那些地方必须亲自到那些地方去旅行，不能够单单记住一张路程单。

刊《中学生》杂志 58 号（1935 年 1 月 1 日），署名编者。

读书的态度

最近各地举行读书运动，从报纸杂志上可以看到许多讨论读书、指导读书的文章。

九一八事件发生以后，全国青年非常激动，大家想拿出自己的一份力量来对付国家的厄运；可是有些学者却告诉他们一句话，叫作"读书救国"。

"读书"两个字就此为青年所唾弃。青年看穿了学者的心肠，知道这无非变戏法的人转移观众注意力的把戏，怎能不厌听"读书呀读书"那种丑角似的口吻？要是说青年就此不爱读书，这却未必。

读书有三种态度。一种是绝对信从的态度，凡是书上说的话就是大经地义。一种是批判的态度，用现实生活来检验，凡是对现实生活有益处的，取它，否则就不取。又一种是随随便便的态度，从书上学到些什么，用来装点自己，以便同人家谈闲天的时候可以应付，不致受人家讥笑，认为一窍不通。

顽固的人对于经书以及笼统的所谓古书，是抱第一种态度的。他们或许是故意或许是无心，自己抱了这种态度，还要诱导青年也抱这种态度。青年如果听从了他们，就把自己葬送在书里了。玩世的人认为无论什么事都只是逢场作戏，读书当然不是例外，所以抱的是第三种态度。世间唯有闲散消沉到无可奈何的人才会玩世；青年要在人生的大道上迈步前进，距离闲散消沉十万八千里，自然不会抱这种态度。青年应当抱而且必须抱的是第二种态度。要知道处理现实生活是目的，读书只是达到这个目的的许多手段之一。不要盲从"开卷有益"的成语，也不要相信"为读书而读书"的迂谈。要使书为你自己用，不要让你自己去做书的奴隶。这点意见虽然浅薄，对于被围在闹嚷嚷的读书声中的青年却是有用的。

刊《中学生》杂志 55 号（1935 年 5 月 1 日），署名编者。

读书和受教育

儿童开始进小学，中学毕业生考上了大学，都说是去读书。"读书"是个通常的说法，大家说惯了，随和地说说也无妨，可是决不能信以为真，看得太死。如果信以为真，看得太死，学生本身大吃其亏自不必说；而且吃亏的范围非常之广，并不夸张地说，简直是整个社会，整个国家。

所以谁都要辨别清楚，学生上学，随俗地说是去读书，正确地说可不是去读书，是去受教育；受教育是上学的全部意义和整个目的，读书是受教育的一种手段。为什么说是"一种"手段？因为除了读书还有其他手段。

受教育的意义和目的是做人，做社会的够格的成员，做国家的够格的公民。想到"做"字，就可以悟出光记住些什么是远远不够的。必得把某些精要的东西化为自身的血肉，养成永久的习惯，终身以之，永远实践，这才对于做人真有用处。

无论是谁，从各级各类学校出来之后还得受教育，大学生和研究生毕了业并非受教育的终结。那时候去哪儿受教育呢？从社会各方各面都可以受教育，只要自己有要受教育的坚强意愿。这就是自我教育，简化地说就是"自学"。自学能力的强或弱根据在校时候所受教育的好或差。假如在校时候常被引导向自学方面前进，学生有福了，他们一辈子得到无限好的受用。而且，不但他们自己，社会和国家也得到无限大的利益。不怕他人嗤笑，我简直要外行地说，所有各级各类学校以及补习、进修的机构的主要职能，全都在引导来学的人向自学方面而不断进展。

我说这句外行话源于两点意思。一点意思是，所有做人的必需的东西非常之多，教不尽的，各种教育机构只能取其重要的，作为例子来教。来学的人如果学一光知一，不能举一而反三，受益就不多。所以教了一，同时要引导来学的人能够反三：这就是引导他们自学。再一点意思是，学了什么如果光能守住什么，即使一丝一毫没遗漏也是不够的。不妨试想一下，要是半坡村人光知守而不知变，要是咱们的先民全都光知守而不知变，那么直到今天，茫茫神州还是不计其数的半坡村，哪会有灿烂光昌的中华人民共和国？所以执一不二，光知守而不知变，不求变，不善变，是极不适宜于做人之道的，尤其是在多变激变的 20 世纪 80 年代。这就给各种教育机构规定了必须担当的任务，在教育来学的人的同时，要特别注意引导他们知变，求变，善变，有所改革，有所创新：这就是引导他们自学。

一辈子坚持自学的人也就是一辈子自强不息的人。不难想象，这样的人不断增多，社会和国家将达到何等繁荣昌盛的境界。

因此，教师特别致力于引导学生善于自学，绝不是越出了教师的职责，绝不致贬低了教师和尊严。正相反，我以为唯有能这样做的教师才够得上称为名副其实的教育家。

现在来说读书。因为这篇拙作谈的是学校教育的事，姑且只说课内的读书，不说读课外书。课内的书就是各科的课本，也叫教科书。

不妨先设一问：为什么要有各科的课本？

我想，回答应该是这样：做一个够格的人，必须懂得许多事物，明白许多道理，实践许多好行为；可是事物不能全部直接接触，道理不能一时马上渗透，好行为不能立即正确实践，因而只能写在课本里，以便间接接触，从容揣摩，积久成习。学生读课本并非目的，真能懂得事物，真能明白道理，真能实践好行为，才是目的。

这三个"真能"极为重要。学生果真"真能"了，才是真正受到教育。

另外一种情形，要是学生能把课本读熟，考试的时候能按课本对答无误，可是跟三个"真能"却有或大或小的距离，那就成问题了。问题是学生在受教育的意义上有或大或小的亏缺。所以致此，或由于课本的编写失当，或由于教师的教学欠妥，或则二者兼之。因此，我诚恳地祝愿编者和教师，你们在编写和教学的时候务必注意学生的三个"真能"，同时还要注意引导学生向自学方面进展，终身做得到三个"真能"。

四十年前，一位同事编小学课本，要说明蒸汽机能带动列车是怎么一回事。他写得很辛苦。一改再改，总不满意。他把稿子给我看，我看过后说，小学生念了这篇课文，恐怕对蒸汽机还是不甚了了。要是学校里有一个蒸汽机的模型，酒精灯一点燃，活塞一推动，孩子们看了就大致懂得蒸汽机了，这篇课文也就不用写了。要是当地有火车站，火车站的站长容许孩子们爬上机车去看一看，那就懂得更清楚了。

看蒸汽机的模型开动，或者爬上机车去看一看，都是直观。直观是受教育的又一种手段。我想，无论什么学校总要尽可能让学生直观，光凭一堆课本总有不足之嫌，直观就是跟事物直接接触，因而容易懂得，容易明白其中的道理。学校里能有动植矿标本室、理化实验室、图书阅览室（那里的书不是课本了）、实习工场、种植园地之类，当然最好。如果经费不充裕，小规模的设备有一些总比完全没有好。地方上如果有动物园、植物园、博物馆、天文馆、地质馆、科技馆、图书馆等，自当组织学生去参观学习。此外，如工厂参观，农村访问，社会调查，假期旅行，也是使学生从直观中受到教育的好途径，不必细说。

还有一问，要使学生"真能"实践好行为，有没有直观的门径呢？我说有。其一，教师以身作则，事事处处为人师表，这就是学生最亲切的直观。其二，让学生多接近各方面的先进模范人物，也是极为有益的直观。

1983 年 7 月 5 日作，

刊 10 月 24 日香港《大公报·星期论文》，署名叶圣陶。

今日中国的小学教育

我是个小学教师，小学教育界的情形，当然比他人晓得的详细些。就我所晓得的情形而论，竟可说"不如意事常八九"，好现象纵不是没有，至多只有二三分罢了。因此感喟频兴，思潮起落，觉得非改弦更张不可。这篇文字，一半算是我自己和一部分小学教师的忏悔，一半算是改弦更张的一个"楔子"。但愿读者不以人废言，将篇中所说审察一番，便是作者无上光荣了。

一棵花，一棵草，它那发荣滋长的可能性，在一粒种子的时候早已具备了。但是有些种子竟不能发芽，便发了芽，竟有苗而不秀、华而不实的。这是什么缘故呢？先天的遗传有什么不完全的地方，遭逢的环境有什么不适宜的地方，是一种原因。那从事栽培的种植家不知植物的可能性，横加摧残，是又一种原因。称职的种植家栽培植物，虽不能增加植物的可能性，却能渐渐改良那不良的遗传性和环境。不称职的种植家非但不能改良遗传性和环境，反而阻遏可能性，那么植物就糟了。如今把植物比作小学生，小学教师便是个种植家。栽培小学生有效没有效，只有他负责任。

如今小学教师的缺点，就在欠修养功夫。无论什么事业，我们去做它，必须先把这项事业的价值理解明白。既经理解，我们确信这项事业是高尚的、神圣的，便一举一动都和它有精神的侔合，这便是成功的基础，便是修养。小学教育的价值是什么呢？这个问题已经过几许学问家的讨论，答案很不一致。若叫我下个完全的答案，我如今也没有这样的能耐。但是我常常自问：小学教育是为着小学生的，小学教师是栽培小学生的，我们究竟希望小学生达到怎样的地步呢？我便想，若是单叫他们摹仿古人的行径，记忆古人的思想，那么有记载前言往行的"陈编"在那里，识些字懂些讲解便完事了，要什么小学教育？若是单叫他们学得一技一艺，得以养家活口，那么各项商业工业有招收学徒的办法，否则也只消办些艺徒学校、商业学校就可以了，要什么小学教育？原来人之所以可贵，并不在他既已为人，乃在他将进而为更高尚的人。一个人的所作所为，如果能参加整个人类的进化历程，便算是个有价值的人。那么真实明确的人生观，当然是每个人必须具有的了。这真实明确的人生观不是随随便便就可以认识到的；但是又不能东寻西找，耗费许多光阴，直到下半世才认识到。必须在幼年的时候就能认定方向，纵然没有什么"人生观"的名词在脑际，却走一步进一步，自然而然不走到岔路上去，才能越进越真切，不白做了一世的人。这幼年的时候，不就是做小学生的时候吗？替小学生定个方向，使他们对准了方向，充分发挥他们的可能性，不就是小学教育的力量吗？所以我们可以说：小学教育的价值，就在于打定小学生一辈子有真实明确的人生观的根基。

我在上方说过，小学教师是栽培小学生的，如今要使小学生有一种真实明确的人生观，要用种种方法去陶冶他们，自己就不可不先有一种真实明确的人生观。如今的小学教师对于人生的问题，我并不武断，竟可说十之七八还没有讨论过。原来处世立身，定个见解，无论是好是坏，均得称为人生观。然而“道其所道，非我所谓道”，要求切合于人生的真实明确的“道”，他们就茫然无所闻了。其实中国各界的男女大抵如此。自己的方向还没有定，却要引导他人；自己从事的事业的价值还没有理解，却要做这项事业，陶冶他人：这是可能的吗？若是不可能，却虚有其表，挂个“为人先导”的招牌，岂不是戴着假面具闹着玩吗？这就是小学教育没有好成绩的根本原因——教师没有真实明确的人生观，没有修养功夫。

如今一般的小学教师抱的是怎样的人生观呢？原来我们中国人凡是称为读书明理的，从传统上环境上总带着几分学究气息，他们的人生观就是什么“继承道统”“宣扬圣道”等。这些话如果真实明确的，切合人生的，自当称赞他们窥见了真际，不必可怜他们辱没了自己的个性。但是他们所说的“道统”“圣道”，都玄之又玄，找不出真际来。在他们看来，“继承道统”“宣扬圣道”是人间一种特别神圣的事业，超出人生的普通行为之上，不是普通人都能做的事业，就因所谓的“道统”“圣道”只可以“神会”的缘故。他们还在庆幸自己的人生观"玄之又玄"，不可捉摸，超出于普通的行为之上；究其实际，他们这些话只配在他们"摇头""摇笔"的时候运用，若说切合普通行为的人生观，他们一些也没有，简直同无知无识的人没有差别。如今做小学教师的虽然不能说都是这一辈学究，大概也不免沾些气味，带些色彩。他们抱定了他们的笼统玄妙的不切合人生的人生观去陶冶小学生，于是说："欲为圣贤便为圣贤，欲为豪杰便为豪杰，唯在立志而已。"圣贤豪杰是怎样构成名词的？这个"志"又怎样立法？他们就不去研究了。他们又把道德上的"玄名"作为训育的材料，什么"诚""敬""恭""俭"，许多名词说了一连串，便算"我尽我心"了。他们不知道这些名词不过是从各种行为概括出来的一种"玄名"。他们也不想用怎样的方法，才能使学生的种种行为配得上这些"玄名"。他们"循名遗实""倒果为因"，结果教育自教育，学生自学生，教育和学生不发生什么关系，自然难以得到好的结果了。

学究气味的小学教师，总的病根在于他们的笼统玄妙、不切合人生的人生观，若要洗刷一新，非去掉旧的，找到正路，用真实明确的人生观来替代那旧的人生观不可。可是要找到这替代品可不像从前那么容易，只须摇摇头摇摇笔就可以完事。人生活在世间占个怎样的地位？人的知能是怎样的性质？种种社会是怎样的情状？个人处于社会中应当怎样？这等问题都要切切实实作个答案。要作这等答案，又先要把关于这等问题的各门科学，如生物学、人类学、心理学、社会学、伦理学、哲学等，下一番切实的研究功夫，从各门科学中得到切合现代人生的概念；把这个概念并合起来，找出个"人之所以为人"

的道理，才能立定真实明确的人生观的根基。试问现在的小学教师，对于这种种科学抱的是什么态度？莫名其妙，从未接触过的，是一类；略一涉猎便嗤为无用的，是一类；至于明自科学的重要，处在"教人"的地位，还肯在那里孜孜不倦研究的，实在是寥若晨星了。我曾想过，那些学究气味的小学教师习染已深，根性难改，也不必加以责备了；那些受过完全师范教育的教师，都研究过上面所说的各种科学，他们的人生观与那些学究气味的总有所不同吧？然而考查他们的实际，竟和我的想法大不相同。他们在师范学校里，就把伦理、心理等学科看作最无味的东西，一上这些课头便涨了，不过为了分数不得不勉强敷衍一下；等毕了业，做了教师，这等无味的东西快快撵出脑海还来不及，谁还肯费心思去研究。另一方面，那学究气味的人生观不消用分析的方法去精确研究，就可以笼笼统统，供"摇头""摇笔"时应用；他们欢喜的正是容易和普通，于是舍彼就此，自然而然加入了学究的行列。他们把学术看作无用之物，不是表示真理不是必需的吗？真理既然不是必需的，教育事业还有什么价值可言？！

小学教师欠缺修养功夫，教育事业的根本就得了病，一切设施大概是错的；即使不错，也只会枝枝节节做去，决不能做到根本上。我这句话，随便找些事实都可以证明。小学教师没有切合人生的人生观，对于教育就没有确定的主义；但是身为教师，又不可不有一种主义做幌子，于是人家主张的主义，只要它是通行的，有势力的，便亦步亦趋地拿来主张。人家说"军国民教育"是强国的根本，他们便叫学生唱《从军乐》，练习野战；人家说职业教育是富国的基础，他们便叫学生织草鞋，编竹席。这些主义是正当的还是不正当的？是全面的还是偏乖的？究竟哪一种是应当主张的？他们却不从学术上和自己的理性上下一个断语，——大概他们没有这能力。最妙的是熔各种主义于一炉，凡是世人主张的，他们应有尽有，不管是水乳交融的，还是相互矛盾的，其实牵强附会，舍己从人，简直没有自己的主义。人家主张的主义，有许多是迎合社会、迁就现状的；他们对于社会现状但求相容，本来没有矫正社会改进现状的趋向。教育和社会本当互相适应，脱离了社会，教育便失去根据。所谓"适应"贵在顺进化之理，以备应付将来；若以现状为已足，只求受教育者和现状相应，那么教育便成了一部印书机，还有什么价值！那盲从"印书机"的教育主义的人，不是走入了迷途吗？再说，人家抱定一种主义，用种种手段去贯彻它，才定下许多设施；设施的精神并不在设施的本身，而在他那主义。若是不明白这种主义的精神，单把许多设施搬来，这样"邯郸学步"，枝枝节节，支离破碎，勉强厮混，可以断定是劳而无功的。

凡是自己没有真实明确的人生观的人，对于他人的情性和希望，也模模糊糊，弄不明白。小学教师没有确定的主义，大半由于他们不明白学生现在的情性和将来的希望。学生有怎样的可能性？学生要求于学校的是什么？学生将来最好要做怎样的人？这等题目，他们都答不上来，他们只从自己的模糊的偏见来定一切设施，只拣那最容易的不用费心的做去。对于训导和管理，他们所取的唯一的方法叫作"严格"，六七岁的孩子便须规行矩步，不许他们有活动的自由。孩子的情性是最活动不过的，勉强他们受拘束，就不免有耐不住的时候，依旧活动起来。这时候教师如临大敌，仿佛官吏对待乱民一样，定要设法压服他们，自己才神恬心安。除了这"如临大敌"的时候，除了上课的时候，教师和学生就没有接触的机会。从这个现象就可看出，他们主张教师是训斥学生的，因为学生好捣乱，具有劣根性的缘故。这个主张其实也谈不到训导管理，不过是摧残学生的可能性，使他们的可能性日渐消灭罢了。这个主张的反面，还有个最容易最不用费心的方法，就是"放任"。这种放任主义，若出于"顺着孩子的天性，引导他们接近那切合人生的人生观"的见解，那是再好没有了。可惜的是他们只做那上半句，并没有做完。小学生的许多行为，确也有染了恶习的，那决不能说是他们的天性；然而抱放任主义的教师一律放任，不想个方法，谋个补救。大家说改良社会首在教育，尤其是最普及的小学教育。如今小学生染了社会的恶习，教师没有能力帮他们洗刷，却要以教育去改造社会，岂不是个梦想！我想，做教师的果真要使训导收到效果，应当以生物学、心理学等做起点，把儿童的情性详细研究一番，然后本着自己认识人生观的方法，顺了他们的天性，指导他们也走上正当的轨道。这其间，教师怎样指导怎样纠正，都是满足学生对于学校的要求。种种现象在我跟前呈现，各不相同，我只须抱定了根本大法，就是使小学生打定具有真实明确的人生观的基础，随机应付；切不可执定一种方法，以牢固的成见去应付千变万化的现象。况且学生并非处于"被治者"的地位，所以连"宽猛相济"的"治道"也不适用，还说什么"严格"，说什么"放任"！

　　书籍的作用，简单说来只是古人的思想行为的符号。古人的思想行为已经到了什么地步，我们认为是不错的，就拿来作根据再向前进步，省得重走那古人已经走过的路；若认为是错的，就改个方向，省得跟古人同入迷津。要知道古人的思想行为是怎样的，不得不去寻找古人思想行为的符号，这就是读书。学校教育要叫学生读书，便是这个意思。但是要注意，读书是要学生知道"已往"，为"未来"作准备。那些没有切合人生的人生观的教师不很领会读书的作用，只知道自己是读过书的，别人也是读过书的，以为读书是人生一件特别的事情，于是也叫学生读书；至于怎样才能使读书跟人生发生关系，要怎样读法才能引导学生为未来作准备，他们就不去问询了。他们最勤恳的功夫便是参考古典，罗列考据，做教科书的注释家。至于教科书里的材料是不是切合人生的？是不是为未来作准备所必要的？离开了教科书，是不是别无教授的材料？这等问题，他们是决不敢想的。我想学生受这样的教授，若是不很用心，倒是他们的造化：如果全部容受，无不记忆，那么吃亏就不浅了。为什么这样讲呢？读书只求记忆，没有研究的方法，没有实验的机会，那究不会切合人生，丝毫没有用处。然而听讲、记忆、背诵，一件件做去，却费了许多精神，占了许多时间。一个人在幼年的精神和时间是何等可贵，无端被教师引导用在"死读书"上了，就同抛在汪洋大海里一样。这是吃亏的第一层。幼年吃了亏，走错了路，将来改换方向，弥补缺憾，即使容易，许多精神和时间已经耗费了，如果不耗费而用在正当的方面，将来的成功定能增加许多。何况习惯既成，便根性难移；幼年所做的功夫，用"盲从"两个字便可概括，那"喜明辨""爱真理"的可能性已渐渐渐灭无余，将来处理人生事务就脱不了随波逐流，没有自己的主张，到那时受旁人批评，说什么"不知道人之所以为人""做了他人的奴隶"，不都是现成话吗？这是吃亏的第二层。然而究竟是谁的罪过呢？

上面说的，是那些完全领受教师的教训的学生，其余的学生对于这样的教授又怎样呢？他们会想："我睁开眼来，看见天然界的现象是最好玩不过的。我走到各处，看见种种人为的事业是最奇妙有趣的。但是教师要我们读书，这有什么趣味！拘束了我的身体，耽搁了我东寻西找的功夫；什么课什么课上个不完，不知为的什么？难道不读书就不能做人！"我想他们这样想实在也难怪，儿童的天性本是注重事实的，欢喜自己去做的，凡是合乎他们天性的，他们就愿意知道它，学会它；与他们的天性不相侔合的，他们就不想知道，不高兴学。学校教育定出各种科目叫学生学习，只为帮助他们确定切合人生的人生观，那么应当就他们耳闻目见的种种事物，把研究的方法，推理的途径，一一给以指导。为教授的便利起见，把种种事物分析开来，便有了关于身体、关于修养、关于知识的种种科目，许多科目统贯起来只是一条线索，就是帮助他们确定切合人生的人生观。学生在学习的时候，觉得样样是事实，样样有趣，样样做得到，他们便分外勤奋。这时候他们觉得很有用得着书籍的地方，他们便去读书。因此可见，教师教各种科目，教各种教科书，并不是教过就完事了，还要以教育的价值为出发点，适应着学生的天性，拣那学生需要的给他们指导。教师日常教的虽是某科某书，然而心思力量必须集注在这个出发点上，那么所有的设施才有根基，没有茫无目的的弊端。又因为要使学生为"未来"作准备，当然不能只教给他们以往的成法和科学的结果。须知"成法"和"结果"是有限的，"未来"却是只顾进步没有穷尽的。所以最要紧的是引导他们练成能处置未来，进而使自己成为更高尚的人的动力。但是如今的小学教师，只顾教书的竟占了大多数，却不管学生是否需要，能否容受。其中也有很热心的，他们把以往的成法，科学的结果，凡是自己懂的，一一明明白白教给学生，很有手段，而且确无谬误；学生自己不必费什么心力，只须记住教师的教授就算受到"衣钵"了。其实这两种教法都算不得学校教育，却把学校变成了"学科杂货店"；学生到学校里来，充其量不过得到些学科的皮毛，还说不到货真价实。由于教法的不得其当，学科各个独立，没有认定教育的价值是共同的出发点，教历史的只顾教他的历史，教算术的只顾教他的算术；各种学科互相没有关联，也没有适应人生事务的应用方法。我曾听见一个商人批评学校教育说："学校里头科目太多，徒费学生的精神，有什么用处！"他这样说固然没有明白教育的价值，然而用来批评当前大多数学校的教育现状，也不能说他不对。

　　小学教师对教育没有主义，对教授没有根本的出发点，那么教育事业就非常简单了，教师只须逢场作戏，做一天和尚撞一天钟，今天不登场，不做和尚，和教育便没有丝毫关系；换一句话说，他们做教育事业是适逢其会，偶一为之，至于精神的伴合，是根本就没有的。他们抱着这等态度，对事业的成功和失败便不负责任，所以对于学校里的一切设施只求省事，只求"无为而治"；什么校园、运动场、工作场、会堂、图书馆、博物室等设备，什么集会、工作、运动、旅行、考察种种活动，他们一概看得无足轻重，可省即省。目前许多学校的设施不能周妥，经费的缺乏固然是一个大原因；但是这种种设施可以使学生接触实际事物，促进他们求知求能，发展他们的可能性，使他们认识到真实明确的人生观，因而决不能抛弃，应该从省俭方面去寻找替代。也有许多学校居然有这等设施，然而设施是死的，怎样利用它们使学生得到知识和能力，还需要活的手段。教师的手段全仗他的修养，教师若没有修养，便同没有技术的工匠一样，对着机械只好瞪着眼看，不知道如何使用。然而他们并不感到自己的缺憾，原来他们置备这等设施之初意，不过看人学样，用来做学校的装饰品，他们甚至把学生也当作学校的装饰品。所以现在一般的学校不是枯寂无味，像座古庙；便是五花八门，像个杂乱的古董铺，没有意义，没有生气，没有趣味。他们把学校弄得非常简单，仿佛是天地间的一个特别的境界；而家庭和社会，都没有这样简单。家庭是学生产生的地方，学校却和家庭不同；社会是学生将来发展的地方，学校又和社会不同，然而学生偏偏要进这样的学校，在这特别的境界里消磨上许多岁月。学生等到毕了业，出了学校，却依然故我，没有得到处理家庭事务和社会事务的较好的方法。这究竟是怎么一回事呢？就因为学生一进这样的学校就觉得没趣，就把学校里所教授的抛在一旁，心思和气力都用到学校以外的事物上去了，那么社会上的种种弱点不免乘虚而入。这不是一个弊端吗？学生到学校里来，本想为"未来"作准备，如今学校和家庭社会都格格不入，学生即使努力也是枉费心力；那些惰性较深的索性看穿了，不去枉费心力了。然而为着未来的人生，决不能没有准备；如今把作准备的时间胡乱葬送了，学生将来的一生也就可想而知了。这不是又一个弊端吗？

小学教师不明白教育的真价值，又容易流于偏重形式的弊端。他们不知道学生的情性怎样，便把学生当作一件机械。他们又不知道学生要求学校的是什么，便叫学生迁就学校，给学校装场面，以满足他们的虚荣心。就因为把学生当作机械，不承认学生有活动的个性，所以行动作息都要求一律，整日叫学生坐在教室里或站在操场上，各占二三尺见方的地位，此外便没有活动的所在，便是这班教师的绝妙的管理法！教授学科，他们预先编定教案，自己怎样问，学生应当怎样答，逐句话逐个动作，一一配定了各占若干时间；到了上课的时候，只把自己问的和学生答的照所列的表表演完毕，没有不合预先设计的，连时间也没有差错，这便是这班教师的无上教授法！他们还以为这等机械的动作练习得多了，学生一定得益不少，所以增加授课钟点，到太阳落了山才放学，便是他们的热心教授！他们又定出种种规则，什么事得怎样，什么事不得怎样，都详载无遗，仿佛一部《违警律》；只求学生不犯规，不必叫他们来训斥，便自以为"训育有方"了。为查察学生的成绩，他们便注重考试；为严格学习的年限，他们便扣算学生的缺课；这等事一时也写不尽。我并不是说学生不应当进课堂、上操场、习答问、守规则、应考试、不缺课，但是教师对教育没有确定的主义，单单把这些事项作为题目来做，那么能不说是"徒具形式"吗？他们认为学生是为学校而来的，所以叫学生开运动会、学艺会等，叫学生作了书画文字向各处投稿，好给学校装场面。他们还细行密字编成各种表册，管理上的、训导上的、教授上的都有，但是不从这些表册求个统计，找出什么改进教育的方法，只求他人看了赞一声"表册完备"，便算得到了全部的功用。我并不是说学生不应当锻炼身体，不应当学艺，也不是说学校里不应当编造表册，作为"证往知来"的依据；但是对设施的着眼点不正确，这等设施就完全失却了教育的精神和价值，那么能不说是"专务形式"吗？

我把现今小学教育的大部分情形，差不多都说到了。照我所说的情形看来，不能不想到非改弦更张不可。现在有许多人和我一样，也有同样的感触，觉得小学教育若再因循下去，必然对孩子非徒无益，而又害之。于是有许多报纸杂志在那里鼓吹"教育者须修养""立教育基础于人生观""人格教育"等主张，这不是很可喜的现象吗？可惜做这些文字的不是教师，更不是小学教师。我想旁观者的言论纵然清切详明，决无强人必从的力量；或者竟有人愿意听从，但是能不能觉悟到自己的不是，把不是根本抛弃，然后努力研求，自己寻到个是的趋向，还说不定。教育事业原是教师做的，教师不能只等旁人来"觉我"，要靠自己觉悟。"自觉"和"外铄"，在旁人看来似乎没有区别，在实际上精神上却大异其趣。凡是人生的一切，从"外铄"得来的，虽言表名理，行合正谊，也不过是被动的；若是从"自觉"得来的，便灵心彻悟，即知即行。我是个小学教师，所以我要"自觉"！我希望小学教育收到真实的功效，所以要请许多小学教师一同"自觉"。

1919 年 2 月 27 日作，

刊《新潮》1 卷第 4 号，署名叶绍钧。

升学与就业

暑假将近，升学与就业的问题又将在一部分同学的心头盘旋了。每年逢到这样的时期，我们总要说些话，供给同学们作参考。现在谈谈关于原则上的认识，就是为什么升学，为什么就业。

我国一般人把学校教育看作变相的科举，其中一部分人意识上并不清清楚楚这么想，骨子里却死死地抱住那个旧传统，牢不可破。从前读书人读书准备应科举，考上了一级再考一级，一步步往上爬，爬的目标是作官从政。他们认为现在受学校教育也无非如此。不过他们把作官从政的范围扩展得更广，不限于作官，凡是社会间最优越的地位，有利有势的，都是他们所认为的目标。

要一般人改掉这种旧观念，须待社会改变过来，须待他们自己明白过来，我们且不说。我们要说的是此刻预备升学的同学们决不能同样地抱着这种旧观念，必须在意识上把它彻底排斥才行。不然的话，出发点就错了，出发点一错，在学习的过程中不容易真有所得，即使学而有成，也没有什么可贵之处。

我国一般人把就业看作吃饭的手段。为要吃饭，才去就业。如果不就业也可以有饭吃，譬如有祖宗传下来的遗产，有各种生产事业的利润，那就乐得空闲，无须就业。解决吃饭问题当然以家庭为范围。就个业，自己有饭吃了，是起码的满足，整个家庭有饭吃了，是进一步的满足，整个家庭不但有饭吃，而且能吃顶好的饭，那才是达到了极点的满足。

这也是一种旧观念，要一般人改掉它，与前面说过的一样，我们且不说。我们要说的是此刻预备就业的同学们决不能同样地抱着这种旧观念，必须在意识上把它彻底排斥才行。饭当然要吃，可是就业不专为吃饭。这一层不弄清楚，出发点就错了，出发点一错，就业就不会有好成绩。

为什么说"此刻"预备升学、"此刻"预备就业的同学们，决不能同样地抱着旧观念？我们希望改变什么，总得找到端绪，开个头儿。一般人习染太深了，虽不是不能改变，也该是不易改变。预备升学、预备就业的同学们却正站在出发点上，固然从家庭与社会间也不免有些习染，但究竟不怎么深，从这批同学们改起，正是开个头儿。

为什么说抱着旧观念，升学就学不好，就业就干不好？旧观念以学与业为取得私利的手段，其实学与业是同类的事项，既不纯为着私利，也不纯属于手段。现代人的一大进步是认识个己与大群关系的密切。这种认识从实际生活体验得来，要于大群有利，才于个己有利，欲求个己有利，就必须顾到大群。因此，为学与就业必须把眼光放远，所学所业要有利于大群才行，如果纯为着私利，必将走到岔路上去。这是一。所学所业都是即知即行的，说到行，就是当前个己受用，当前大群受用，这个受用便是目的，不是手段。要把为学与就业说成手段也未始不可，可是须认定一个最广大、最终极的目的，就是把大群的物质生活、精神生活提高起来，对于这样的目的，为学与就业那才是一种手段。这是二。

我们以为在升学与就业之前须有这么一种简要的认识。

1945 年 5 月 6 日作，

刊《中学生》战时月刊 88 期，署名朱逊。

受教育跟处理生活

中等教育的目标不外乎给与学生处理生活的一般知识，养成学生处理生活的一般能力，使他能够做一个健全的公民。依照教育学者的说法，话决不会这么简单；他们罗列各派的学说，比较各国的国情，一下子一章，再一下子又是一章，可以写成一本很厚的书。但是说来说去，总脱不出这一句简单的话的范围。

所谓生活，无非每天碰到的一桩桩一件件的事情。客人来了，该要款待他，这是一件事。夏天快到了，该要下稻种，这是一件事。东北四省失去已经三年了，该要想法收回，这是一件事。太阳上的黑子今年又扩大起来了，该要研究它的所以然以及对于地球的影响，这是一件事。事情是举不完、数不完的；许许多多的事情积聚起来，其总和就是人类的生活。

根本地说起来，处理生活的知识当然该从一桩桩一件件的事情上去取得，处理生活的能力当然该从一桩桩一件件的事情上去历练。唯有这样，才无所谓学习跟实做的界限，才没有支离破碎的弊病；过一天就是一天的充实生活，便没有像泄了气的气球似的预备生活。

教育的最高境界该怎样呢？说出来也平淡无奇，不过实现上面所说的罢了。在现今世界上，并不是没有施行这种教育规模的地方。在我国，有一部分教育者提出教、学、做合一的主张（又有人说该是做、学、教合一），也是想把教育推进到最高境界的一种企图。

但是要知道，教育是不能离开种种的社会关联而独立的。教、学、做合一的主张不能普遍于整个教育界，正受着种种的社会关联的限制。此刻我们必须明白的是：现行的教育规模，例如把训育跟教科分为两橛，又如定下公民、卫生、国文、算学等科目教学生学习，实在不是顶妥当的办法，而只是不得已的办法。

为什么不是顶妥当的办法？因为这样一来，就把教育跟一桩桩一件件的事情，也就是跟生活的距离拉得远了；故而在学校里当学生，总不免有"预备生活"之感。但是不这样就得全盘推翻，另起炉灶；在不能另起炉灶的时候，要让青年取得知识，历练能力，就只得照现在这样做。所以说只是不得已的办法。

明白了这一点有甚么益处呢？益处就在于能使我们不忘记我们的实际生活。我们学的虽然是公民、卫生、国文、算学等科目，而实际生活里并没有这些科目，只有一桩桩一件件的事情。事情临到我们的面前，我们要能综合地运用这些科目去处理，那才是真个取得了知识，历练了能力。如果徒然记在心里，写在笔记簿上，临到事情还是茫然失措，那就等于没有受什么教育；我们决不肯这样耽误了自己。

连带地，我们自然会领悟教科书的本质只是各种科目的纲领而已。譬如演戏，教科书好像一张节目单，背得出节目单并不就是演了好戏。纲领自有纲领的用处，繁复的头绪须得理清楚，才可以结成概念，纲领的必要就在乎此。因而死命地记诵教科书是无谓的，把记诵教科书当作受教育的终极目的尤其无谓。我们固然不肯把节目单抛开不顾，可是我们更得好好地演我们的戏——随时随地好好地处理我们的生活。

刊《中学生》杂志 53 号

（1935 年 3 月 1 日），署名编者。

国文教学的两个基本观念

我们当国文教师，必须具有两个基本观念。我作这么想，差不多延续了二十年了。最近机缘凑合，重理旧业，又教了两年半的国文，除了同事诸君而外，还接触了许多位大中学的国文教师。觉得我们的同行具有那两个基本观念的诚然有，而认识完全异趣的也不在少数。现在想说明我的意见，就正于同行诸君。

请容我先指明那两个基本观念是什么。第一，国文是语文学科，在教学的时候，内容方面固然不容忽视，而方法方面尤其应当注重。第二，国文的涵义与文学不同，它比文学宽广得多，所以教学国文并不等于教学文学。

如果国文教学纯粹是阅读与写作的训练，不含有其他意义，那么，任何书籍与文篇，不问它是有益或者有损于青年的，都可以拿来作阅读的材料与写作的示例。它写得好，摄取它的长处；写得不好，发见它的短处，对于阅读能力与写作能力的增进都是有帮助的。可是，国文是各种学科中的一个学科，各种学科又像轮辐一样辏合于一个教育的轴心，所以国文教学除了技术的训练而外，更须含有教育的意义。说到教育的意义，就牵涉内容问题了。国文课程标准规定了教材的标准，书籍与文篇的内容必须合于这些个标准，才配拿来作阅读的材料与写作的示例。此外，笃信固有道德的，爱把圣贤之书教学生诵读；关切我国现状的，爱把抗战文章作为补充教材，都是重视内容也就是重视教育意义的例子。这是应当的，无可非议的。不过重视内容假如超过了相当的限度，以为国文教学的目标只在灌输固有道德，激发抗战意识等，而竟忘了语文教学特有的任务，那就很有可议之处了。

道德必须求其能够见诸践履，意识必须求其能够化为行动。要达到这样地步，仅仅读一些书籍与文篇是不够的。必须有关各种学科都注重这方面，学科以外的一切训练也注重这方面，然后有实效可言。国文诚然是这方面的有关学科，却不是独当其任的唯一学科。所以，国文教学，选材能够不忽略教育意义，也就足够了，把精神训练的一切责任都担在自己肩膀上，实在是不必的。

国文教学自有它独当其任的任，那就是阅读与写作的训练。学生眼前要阅读，要写作，至于将来，一辈子要阅读，要写作。这种技术的训练，他科教学是不负责任的，全在国文教学的肩膀上。所谓训练，当然不只是教学生拿起书来读，提起笔来写，就算了事。第一，必须讲求方法。怎样阅读才可以明白通晓，摄其精英；怎样写作才可以清楚畅达，表其情意，都得让学生们心知其故。第二，必须使种种方法成为学生终身以之的习惯。因为阅读与写作都是习惯方面的事情，仅仅心知其故，而习惯没有养成，还是不济事的。国文教学的成功与否，就看以上两点。所以我在前面说，方法方面尤其应当注重。

现在四五十岁的人大都知道从前书塾的情形。从前书塾里的先生很有些注重方法的。他们给学生讲书，用恰当的方言解释与辨别那些难以弄明白的虚字。他们教学生阅读，让学生点读那些没有句读的书籍与报纸论文。他们为学生改文，单就原意增删，并且反复详尽地讲明为什么增删。遇到这样的先生，学生是有福的，修一年学，就得到一年应得的成绩。然而大多数书塾的先生却是不注重方法的，他们只教学生读，读，读，作，作，作，讲解仅及字面，改笔无异自作，他们等待着一个奇迹的出现——学生自己一旦豁然贯通。奇迹自然是难得出现的。所以，在书塾里坐了多年，走出来还是一窍不通，这样的人着实不少。假如先生都能够注重方法，请想一想，从前书塾不像如今学校有许多学科，教学的只是一科国文，学生花了多年的时间专习一种学科，何至于一窍不通呢？再说如今学校，学科不止一种了，学生学习国文的时间约占从前的十分之二三，如果仍旧想等待奇迹，其绝无希望是当然的。换过来说，如今学习时间既已减少，而应得的成绩又非得到不可，唯有特别注重方法，才会收到事半功倍的效果。多读多作固属重要，但是尤其重要的是怎样读，怎样写。对于这个"怎样"，如果不能切实解答，就算不得注重了方法。

现在一说到学生国文程度，其意等于说学生写作程度，至于与写作程度同等重要的阅读程度往往是忽视了的。因此，学生阅读程度提高了或是降低了的话也就没听人提起过。这不是没有理由的，写作程度有迹象可循，而阅读程度比较难捉摸，有迹象可循的被注意了，比较难捉摸的被忽视了，原是很自然的事情。然而阅读是吸收，写作是倾吐，倾吐能否合于法度，显然与吸收有密切的关系。单说写作程度如何如何是没有根的，要有根，就得追问那比较难捉摸的阅读程度。最近朱自清先生在《国文月刊》创刊号发表一篇《中学生的国文程度》，他说中学生写不通应用的文言，大概有四种情形。第一是字义不明，因此用字不确切，或犯重复的毛病。第二是成语错误。第三是句式不熟，虚字不通也算在这类里。第四是体例不当，也就是不合口气。他又说一般中学生白话的写作，比起他们的文言来，确是好得多。可是就白话论白话，他们也还脱不掉技术拙劣、思路不清的考语。朱先生这番话明明说的写作程度不够，但是也正说明了所以会有这些情形，都由于阅读程度不够。阅读程度不够的原因，阅读太少是一个，阅读不得其法尤其是重要的一个。对于"体会""体察""体谅""体贴""体验"似的一组意义相近的词，字典翻过了，讲解听过了，若不能辨别每一个的确切意义并且熟悉它的用法，还算不得阅读得其法。"汗牛充栋"为什么不可以说成"汗马充屋"？"举一反三"为什么不可以说成"举二反二"？仅仅了解它们的意义而不能说明为什么不可以改换，阅读方法也还没有到家。"与其"之后该来一个"宁"，"犹"或"尚"之后该接上一个"况"，仅仅记住这些，而不辨"与其"的半句是所舍义，"宁"的半句才是所取义，"犹"或"尚"的半句是旁敲侧击，"况"的半句才是正面文章，那也是阅读方法的疏漏。"良深哀痛"是致悼语，"殊堪嘉尚"是奖勉语。但是，以人子的身分，当父母之丧而说"良深哀痛"；以学生的身份，对抗战取胜的将领而说"殊堪嘉尚"，那一定是阅读时候欠缺了揣摩体会的工夫。以上只就朱先生所举四种情形举例来说。依这些例子看，已经可以知道阅读方法不仅是机械地解释字义、记诵文句、研究文法修辞的法则，最紧要的还在多比较，多归纳，多揣摩，多体会，一字一语都不轻易放过，务必发现它的特性。唯有这样阅读，才能够发掘文章的蕴蓄，没有一点含胡。也唯有这样阅读，才能够养成用字造语的好习惯，下笔不致有误失。

阅读方法又因阅读材料而不同。就分量说，单篇与整部的书应当有异，单篇宜作精细的剖析，整部的书却在得其大概。就文体说，记叙文与论说文也不一样，记叙文在看作者支配描绘的手段，论说文却在阐明作者推论的途径。同是记叙文，一篇属于文艺的小说与一篇普通的记叙文又该用不同的眼光，小说是常常需要辨认那文字以外的意味的。就文章种类说，文言与白话也不宜用同一态度对付，文言——尤其是秦汉以前的——最先应注意那些虚字，必须体会它们所表的关系与所传的神情，用今语来比较与印证，才会透彻地了解。多方面地讲求阅读方法，也就是多方面地养成写作习惯。习惯渐渐养成，技术拙劣与思路不清的毛病自然渐渐减少，一直减到没有。所以说阅读与写作是一贯的，阅读得其法，阅读程度提高了，写作程度没有不提高的。所谓得其法，并不在规律地作训诂学、文法学、修辞学与文章学的研究，那是专门之业，不是中学生所该担负的。可是，那些学问的大意不可不明晓，那些学问的治学态度不可不抱持，明晓与抱持又必须使他成为终身以之的习惯才行。

以下说关于第二个基本观念的话。五四运动以前，国文教材是经史古文，显然因为经史古文是文学。在一些学校里，这种情形延续到如今，专读《古文辞类纂》或者《经史百家杂抄》便是证据。五四以后，通行读白话了，教材是当时产生的一些白话的小说、戏剧、小品、诗歌之类，也就是所谓文学。除了这些，还有什么可以阅读的呢？这样想的人仿佛不少。就偏重文学这一点说，以上两派是一路的，都以为国文教学是文学教学。其实国文所包的范围很宽广，文学只是其中一个较小的范围，文学之外，同样包在国文的大范围里头的还有非文学的文章，就是普通文。这包括书信、宣言、报告书、说明书等应用文，以及平正地写状一件东西、载录一件事情的记叙文，条畅地阐明一个原理、发挥一个意见的论说文。中学生要应付生活，阅读与写作的训练就不能不在文学之外，同时以这种普通文为对象。若偏重了文学，他们看报纸、杂志与各科课本、参考书，就觉得是另外一回事，要好的只得自辟途径，去发见那阅读的方法，不要好的就不免马虎过去，因而减少了吸收的分量。再就写作方面说，流弊更显而易见。主张教学生专读经史古文的，原不望学生写什么文学，他们只望学生写通普通的文言，这是事实。但是正因所读的纯是文学，质料不容易消化，技术不容易仿效，所以学生很难写通普通的文言。如今中学生文言的写作程度低落，我以为也可以从这一点来解释。如果让他们多读一些非文学的普通文言，我想文言的写作或许会好些。很有些人，在书塾里熟读了《四书》《五经》，笔下还是不通，偷空看了《三国演义》或者《饮冰室文集》，却居然通了，这可以作为佐证。至于白话的写作，国文教师大概有这样的经验，只要教学生自由写作，他们交来的往往是一篇类似小说的东西或是一首新体诗。我曾经接到过几个学生的白话信，景物的描绘与心情的抒写全像小说，却与写信的目的全不相干。还有，现在爱写白话的学生多数喜欢高谈文学，他们不管文章的体裁与理法，他们不知道日常应用的不是文学而是普通文。认识尤其错误的，竟以为只要写下白话就是写了文学。以上种种流弊，显然是从专读白话文学而忽略了白话的普通文生出来的，如果让他们多读一些非文学的普通白话，我想用白话来状物，记事，表情，达意，该会各如其分，不至于一味不相称地袭用白话文学的格调吧。

学习图画，先要描写耳目手足的石膏像，叫作基本练习。学习阅读与写作，从普通文入手，意思正相同。普通文易于剖析、理解，也易于仿效，从此立定基本，才可以进一步弄文学。文学当然不是在普通文以外别有什么方法，但是方法的应用繁复得多，变化得多。不先作基本练习而径与接触，就不免迷离惝恍。我也知道有所谓"取法乎上，仅得其中"的说法，而且知道古今专习文学而有很深造诣的不乏其人。可是我料想古今专习文学而碰壁的，就是说一辈子读不通写不好的，一定更多。少数人有了很深的造诣，多数人只落得一辈子读不通写不好，这不是现代教育所许可的。从现代教育的观点说，人人要作基本练习，而且必须练习得到家。说明白点，就是对于普通文字的阅读与写作，人人要得到应得的成绩，绝不容有一个人读不通写不好。

这个目标应该在中学阶段达到，到了大学阶段，学生不必再在普通文的阅读与写作上费功夫了——现在大学里有一年级国文，只是一时补救的办法，不是不可变更的原则。

至于经史古文与现代文学的专习，那是大学本国文学系的事情，旁的系就没有必要，中学当然更没有必要。我不是说中学生不必读经史古文与现代文学，我只是说中学生不该专习那些。从教育意义上说，要使中学生了解固有文化，就得教他们读经史古文。现代人生与固有文化同样重要，要使中学生了解现代人生，就得教他们读现代文学。但是应该选取那些切要的、浅易的、易于消化的，不宜兼收并包，泛滥无归。譬如，老子的思想在我国很重要，可是，《老子》的文章至今还有人作训释考证的功夫而没有定论，若读《老子》原文，势必先听取那些训释家、考证家的意见，这不是中学生所能担负的。如果有这么一篇普通文字，正确扼要地说明老子的思想，中学生读了也就可以了解老子了，正不必读《老子》原文。又如，历来文家论文之作里头，往往提到神理、气味、格律、声色的话，这些是研究我国文学批评的重要材料，但是放在中学生面前就不免徒乱人意。如果放弃这些，另外找一些明白具体的关于文章理法的普通文字给他们读，他们的解悟该会切实得多。又如，茅盾的长篇小说《子夜》，一般都认为是精密地解剖经济社会的佳作，但是它的组织繁复，范围宽广，中学生读起来，往往不如读组织较简、范围较小的易于透彻领会。依以上所说，可以知道无论古文学、现代文学，有许多是中学生所不必读的。不读那些不必读的，其意义并不等于忽视固有文化与现代人生，也很显然。

再说文学的写作，少数中学生或许能够写来很像个样子，但是决不该期望于每一个中学生。这就是说，中学生不必写文学是原则，能够写文学却是例外。据我所知的实际情形，现在教学生专读经史古文的，并不期望学生写来也像经史古文，他们只望学生能写普通的文言，而一般以为现代文学之外别无教材的，却往往存一种奢望，最好学生落笔就是文学的创作。后者的意见，我想是应当修正的。

在初中阶段，虽然也读文学，但是阅读与写作的训练应该偏重在基本方面，以普通文为对象。到了高中阶段，选取教材以文章体制、文学源流、学术思想为纲，对于白话，又规定"应侧重纯文艺作品"，好像是专向文学了，但是基本训练仍旧不可忽略。理由很简单，高中学生与初中学生一样，他们所要阅读的不纯是文学，他们所要写作的并非文学，并且，唯有对于基本训练锲而不舍，熟而成习，接触文学才会左右逢源，头头是道。

我的话到此为止。自觉说得还不够透澈，很感惭愧。

1940 年 8 月 18 日作，原题《对于国文教育的两个基本观念》。

刊《中等教育季刊》创刊号（9 月 30 日），署名叶绍钧。

中学国文学习法

认定目标

学习国文该认定两个目标：培养阅读能力，培养写作能力。培养能力的事必须继续不断地去做，又必须随时改善学习方法，提高学习效率，才会成功。所以学习国文必须多多阅读，多多写作，并且随时要求阅读得精审，写作得适当。

在课内，阅读的是国文课本。那用意是让学生在阅读教本的当儿，培养阅读能力。凭了这一份能力，应该再阅读其他的书，以及报纸杂志等。这才可以使阅读能力越来越强。并且，要阅读什么就能阅读什么，才是真正的受用。

在课内，写作的是老师命题作文。那用意是让学生在按题作文的当儿，培养写作能力。凭了这一份能力，应该随时动笔，写日记，写信，写笔记，写自己种种想要写的。这才可以使写作能力越来越强。并且，要写作什么就能写作什么，才是真正的受用。

就一个高中毕业生来说，阅读能力和写作能力应该达到如下的程度。

阅读方面——（一）能读日报和各种并非专门性质的杂志；（二）能看适于中学程度的各科参考书；（三）能读国人创作的以及翻译过来的各体文艺作品的一部分；（四）能读如教本里所选的欧阳修、苏轼、归有光等人所作散文那样的文言；（五）能适应需要，自己查看如《论语》《孟子》《史记》《资治通鉴》一类的书；（六）能查看《国语辞典》《辞源》《辞海》一类的工具书。这里所说的"能"表示了解得到家，体会得透彻，至少要不发生错误。眼睛在纸面上跑一回马，心里不起什么作用，那是算不得"能"的。

写作方面——（一）能作十分钟的演说；（二）能写合情合理合式的书信；（三）能把自己的所见所闻、所思所感记下来；（四）能写类似现社会中通用的文言信那样的文言。这里所说的"能"指表达得正确明白而言。至少也得没有语法上论理上的错误。就演说和书信说，还得没有礼貌上的错误。为什么把演说也列在写作方面？因为演说和写作是同一源头的两条水流，演说是用口的写作，写作是用笔的演说。

以上虽只是个人的意见，我自以为很切实际，一个高中毕业生能够如此，国文程度也就可以了，自己也很够受用了。至于阅读不急需的古书如《尚书》《左传》《老子》《庄子》，写作不切用的体裁如骈文、古文、旧体诗，各人有各人的自由，旁人自然不便说他不对。可是就时代观点和教育立场说，这些都是不必叫中学生操心思花工夫的。还有文艺创作，能够着手固然好，不能够也无须强求，因为这不是人人都近情的。

靠自己的力阅读

阅读要多靠自己的力，自己能办到几分务必办到几分；不可专等老师给讲解，也不可专等老师抄给字典辞典上的解释以及参考书上的文句。直到自己实在没法解决，才去请教老师或其他的人。因为阅读是自己的事，像这样专靠自己的力才能养成好习惯，培养真能力。再说，我们总有离开可以请教的人的时候，这时候阅读些什么，非专靠自己的力不可。

要靠自己的力阅读，不能不有所准备。特别划一段时期、特别定一个课程来准备，不但不经济，而且很无聊。也只须随时多用些心，不肯马虎，那就是为将来作了准备。譬如查字典，如果为了作准备，专看字典，从第一页开头，一页一页顺次看下去，这决非办法。只须在需要查某一字的时候看得仔细，记得清楚，以后遇到这个字就是熟朋友了，这就是作了准备。不但查字典如此，其他都如此。

应作的准备大概有以下几项。

（一）留心听人家的话。写在书上是文字，说在口里就是话。听话也是阅读，不过读的是"声音的书"。能够随时留心听话，对于阅读能力的长进大有帮助。听清楚，不误会，固然第一要紧；根据自己的经验加以衡量，人家的话正确不正确，有没有罅漏，也是必要的事。

不然只是被动地听，那是很有流弊的。至于人家用词的选择，语调的特点，表现方法的优劣，也须加以考虑。他有长处，好在哪里？他有短处，坏在哪里？这些都得解答，对于阅读极有用处。

（二）留心查字典。一个字往往有几个意义，有些字还有几个读音。翻开字典一看，随便取一个读音、一个意义就算解决，那实在是没有学会查字典。必须就读物里那个字的上下文通看，再把字典里那个字的释文来对勘，然后确定那个字何音何义。这是第一步。其次，字典里往往有些例句，自己也可以找一些用着那个字的例句，许多例句聚在一块儿，那个字的用法（就是通行这么用）以及限制（就是不通行那么用）可以看出来了。如果能找近似而不一样的字两相比较，辨明彼此的区别在哪里，应用上有什么不同，那自然更好了。

（三）留心查词典。一个词也往往有几个意义，认真查词典，该与前一节说的一样。那个词若是有关历史的，最好根据自己的历史知识，把那个时代的事迹想一回。那个词若是个地名，最好把地图翻开来辨认一下。那个词若是涉及生物理化等科的，最好把自己的生物理化的知识温习一遍，词典里说的或许很简略，就查各科的书把它考究个明白。那个词若是来自某书某文的典故或是有关某时某人的成语，如果方便，最好把某书某文以及记载某时某人的话的原书找来看看。那个词若是一种制度的名称，一个专用在某种场合的术语，词典里说的或许很简略，如果方便，最好找些相当的书来考究个详细。以上说的无非要真个弄明白，不容含胡了事。而且，这样将词典作钥匙，随时翻检，阅读的范围就扩大了，阅读参考书的习惯也可以养成了。

（四）留心看参考书。参考书范围很广，性质不一，未可一概而论。可是也有可以说的。一种参考书未必需要全部看完，但是既然与它接触了，它的体例总得弄清楚。目录该通体一看，书上的序文，人家批评这书的文章，也该阅读。这样，多接触一种参考书就如多结识一个朋友，以后需要的时候，还可以向他讨教，与他商量。还有，参考书未必全由自己购备，往往要往图书馆借看。那么，图书分类法是必要的知识。某个图书馆用的什么分类法，其中卡片怎样安排，某一种书该在哪一类里找，必须认清搞熟，检查起来才方便。此外如各家书店的特点以及它们的目录，如果认得清，取得到，对于搜求参考书也有不少便利。

以上说的准备也可以换成"积蓄"两个字。积蓄得越多，阅读能力越强。阅读不仅是中学生的事，出了学校仍需要阅读。人生一辈子阅读，其实是一辈子在积蓄中，同时一辈子在长进中。

阅读举要

如果经常作前面说的那些准备，阅读就不是什么难事。阅读时候的心情也得自己调摄，务须起劲，愉快。认为阅读好像还债务，那一定读不好。要保持这么一种心情，好像腹中有些饥饿的人面对甘美膳食的时候似的，才会有好成绩。

阅读总得"读"。出声念诵固然是读，不出声默诵也是读，乃至口腔喉舌绝不运动，只用眼睛在纸面上巡行，如古人所谓"目治"，也是读。无论怎样读，起初该用论理的读法，把文句中一个个词切断，读出它们彼此之间的关系来。又按各句各节的意义，读出它们彼此之间的关系来。这样读了，就好比听作者当面说一番话，大体总能听明白。最忌的是不能分解，不问关系，糊里糊涂读下去——这样读三五遍，也许还是一片朦胧。

读过一节停一停，回转去想一下这一节说的什么，这是个好办法。读过两节三节，又把两节三节连起来回想一下。这个办法可以使自己经常清楚，并且容易记住。

回想的时候，最好自己多多设问。文中讲的若是道理，问问是怎样的道理？用什么方法论证这个道理？文中讲的若是人物，问问是怎样的人物？用怎样的笔墨表现这个人物？有些国文读本在课文后面提出这一类的问题，就是帮助读者回想的。一般的书籍报刊当然没有这一类的问题，唯有读者自己来提出。

读一遍未必够，而且大多是不够的，于是读第二遍第三遍。读过几遍之后，若还有若干地方不明白不了解，就得做翻查参考的功夫。这在前面已经说过了，关于翻查字典词典，以及阅读参考书，这儿不再重复。

总之，阅读以了解所读的文章书籍为起码标准。所谓了解，就是明白作者的意思情感，不误会，不缺漏，作者表达些什么，就完全领会他那什么，必须做到这一步，才可以进一步加以批评，说他说得对不对，合情理不合情理，值不值得同情或接受。

在阅读的时候，标记全篇或者全书的主要部分，有力部分，表现最好的部分，这可以帮助了解，值得采用。标记或画铅笔线，或做别种符号，都一样。随后依据这些符号，可以总结全部的要旨，可以认清全部的警句，可以辨明值得反复玩味的部分。

说理的文章大概只须论理地读，叙事叙情的文章最好还要"美读"。所谓美读，就是把作者的情感在读的时候传达出来。这无非如孟子所说的"以意逆志"，设身处地，激昂处还他个激昂，委宛处还他个委宛，诸如此类。美读的方法，所读的若是白话文，就如戏剧演员读台词那个样子。所读的若是文言，就用各地读文言的传统读法，务期尽情发挥作者当时的情感。美读得其法，不但了解作者说些什么，而且与作者的心灵相感通了，无论兴味方面或受用方面都有莫大的收获。

读要不要读熟？这看自己的兴趣和读物的种类而定。心爱某篇文字，自然乐于读熟。对于某书中的某几段文字感觉兴趣，也不妨读熟。读熟了，不待翻书也可以随时温习，得到新的领会，这是很大的乐趣。

学习文言，必须熟读若干篇。勉强记住不算熟，要能自己成诵才行。因为文言是另一种语言，不是现代口头运用的语言，文言的法则固然可以从分析比较而理解，可是要养成熟极如流的看文言的习惯，非先熟读若干篇文言不可。

阅读当然越快越好，可以经济时间，但是得以了解为先决条件。胡里胡涂读得快，不如通体了解而读得慢。练习的步骤该是先求其无不了解，然后求其尽量地快。出声读须运动口腔喉舌，总比默读仅用"目治"来得慢些。为阅读多数书籍报刊的便利起见，该多多练习

"目治"。

阅读之后该是作笔记了，如果需要记什么的话。关于作笔记，在后面谈写作的时候说。

最要紧的，阅读不是没事做闲消遣，无非要从他人的经验中取其正确无误的，于我有用的，借以扩充我的知识，加多我的经验，增强我的能力。就是读文艺作品如诗歌小说等，也不是没事做闲消遣。好的文艺作品中总含有一种人生见解和社会观察，这对于我的立身处世都有极大的关系。

写作须知

写作必须把它看成一件寻常事，好比说话一样。但是又必须把它看成一件认真事，好比说话一样。

写作决不是无中生有。必须有了意思才动手写作，有了需要才动手写作。没意思，没需要，硬找些话写出来，这会养成不良的写作习惯，而且影响到思想方面。

写作和说话虽说同样是发表，可也有不同处。写作一定有个中心，写一张最简单的便条，写一篇千万字的论文，同样的有个中心，不像随便谈话那样可以东拉西扯，前后无照应。写作又得比说话正确些，齐整些，干净些。说话固然也不宜错误拖沓，可是听的人就在对面，不明白可以当面问，不心服可以当面驳，嫌罗嗦也可以说别太罗嗦了。写了下来，看的人可不在对面，如果其中有不周到、不妥帖处，就将使他人不明白，不心服，不愉快，岂不违反了写作的本意？所以写作得比说话正确些，齐整些，干净些。

写作的中心问自己就知道。写一张便条，只要问为什么写这张便条，那答案就是中心；写一篇论文，只要问我的主要意思是什么，那答案就是中心。

所有材料（就是要说的事物或意思）该向中心集中，用得着的毫无遗漏，用不着的淘汰净尽。当然，用得着、用不着只能以自己的知识能力为标准。按标准把材料审查一下总比不审查好，不审查往往会发生遗漏了什么或多余了什么的毛病。

还有一点，写作不仅是拿起笔来写在纸上那一段时间内的事情。如前面所说，意思的发生，需要的提出，都在动笔之前。认定中心，审查材料，也在动笔之前。提起笔来写在纸上，不过完成这工作的一段步骤罢了。有些人认为写作的工作在提起笔来的时候才开始，这显然是错误的。如果如此，写作就成为一种无需要、无目的，可做可不做的事了。

写作完毕之后，或需修改，或不需修改。不改，是自以为一切都写对了，没有什么遗憾了。至于修改，通常说由于自己觉得文字不好。说得确切一点，该是由于自己觉得还没有写透那意思，适合那需要。于是再来想一通，把材料增减一些，调动一些；把语句增减一些，变换一些，这就是修改。

练习写作，如果是课内作文，也得像前面所说的办。题目虽然是老师临时出的，可是学生写的意思要是平时有的，所需的材料又要是找得到的，不然就是无中生有的勾当了。（老师若出些超出学生能力范围的题目，学生只好交白卷，但是不必闹风潮。）练习是练习有意思、有材料就写，而且写得像样，不是练习无中生有。

无论应用的或练习的写作，以写得像样为目标。记事物记清楚了，说道理说明白了；没有语法上的毛病了；没有论理上的毛病了；这就是像样。至于写得好，那是可遇而不可求的。经验积聚得多，情感蕴蓄得深，思想钻研得精，才可以写成好文章。换句话说，好文章是深度生活的产品，生活的深度不够，是勉强不来的。希求生活渐进于深度，虽也是人生当然之事，可是超出了国文学习的范围了。

要写得像样，除了审查材料以外，并得在语言文字上用心，这才可以表达出那选定的材料，不至于走样。所谓在语言文字上用心，实际也是极容易的事，试列举若干项。

（一）所用的词要熟习的，懂得它的意义和用法的。似懂非懂的词宁可不用，换一个熟习的来用。

（二）就一句句子说，那说法要通行的，也就是人家会这么说，常常这么说的。一句话固然可以有几样说法，作者有自由挑选那最相宜的使用，可是决不能独造一种教人家莫名其妙的说法。

（三）就一节一段说，前后要连贯，第二句接得上第一句，第三句接得上第二句。必须注意连词的运用，语气的承接，观点的转换不转换。一个"所以"、一个"然而"都不可随便乱用。陈述、判断、反诘、疑问等的语气都不可有一丁点儿含胡。观点如须转换，不可不特别点明。

（四）如果用比喻，要问所用的比喻是否恰当明白。用不好的比喻还不如不用比喻。

（五）如果说些夸张话，要问那夸张话是否必要。不必要的夸张不只是语言文字上的毛病，也是思想上、修养上的毛病。

（六）不要用一些套语滥调如"时代的巨轮""紧张的心弦"之类。这些词语第一个人用来见得新鲜，大家都用就只有讨厌。

（七）运用成语以不改原样为原则，如"削足适履"不宜作"削足凑鞋"，"怒发冲冠"不宜作"怒发把帽子都顶起来了"。

（八）用标点符号必须要审慎。宜多用句号，把一句句话交代清楚。宜少用感叹号，如"以为很好""他怕极了"都不是感叹语气，用不着感叹号。用问号也得想一想。询问和反诘的语气才用问号，并不是含有疑问词的语句都要用问号。如"他不知道该怎么做""我问他老张哪一天到的"都不是问句，用不着问号。

写作举要

练习写作，最好从记叙文入手。记叙文的材料是现成的，作者只须加上安排取舍的工夫，容易着手。

议论文也不是不必练习，但是所说的道理或意见必须明白透彻，最忌把不甚了了的道理或意见乱说一阵。因此，练习议论文该从切近自身的话题入手，如学习心得和见闻随感之类。

应用文如书信、如读书报告，往往兼包记叙和议论。写作这类东西，一方面固然应用，一方面也是练习。所以也得认真地写，多一回认真的练习，就多一分长进。

以下略说写作各类东西的大要。

（一）记物的文字须把那东西的要点记明。譬如记一幅图画，画的什么就是要点，必须记明。也许画面上东西很多，而以某一件东西为主，这某一件东西必须说明。

（二）叙事的文字须把那事件的始末和经过叙明。譬如叙一个文艺晚会，晚会的用意和开会的过程必须叙明。也许会中节目很多，几个重要的节目必须详叙，其余节目只说几句简单的话带过。

（三）书信须把自己要向对方说的话说清楚。不清楚，失了写信的作用，重复罗嗦，容易混淆对方的心思，都不能算写得适当。书信又须注意程式。程式不是客套，程式之中实在包含着情分和礼貌。不注意程式，在情分上、礼貌上若有欠缺，就将使对方不快，这也违反写信的初意。

（四）日记最好能够天天写，对修养有好处，对写作也有好处。刻板式的日记比较没有意义。一天里头总有些比较新鲜的知识见闻和想头，就把那些记下来。

（五）读书笔记不只是把老师写在黑板上的注解表格等抄上去，也不只是把一些书本上的美妙紧要的文句抄上去。除了这些，还有应该记的，如翻了几种书，就可以把参照比较的结果记录下来。读了一篇文章、一部书，自己有些想头，或属怀疑，或属阐发，或属欣赏，都可以记录下来。

（六）给壁报揭载的或投寄报纸杂志的文章与其他文章一样，也应该以写自己熟知的、了解的东西为主。可是有点不同，这类文章是特地写给他人看的，写的时候，心目中就须顾到读者。既然顾到读者，人人知道的事物和道理就不必写。至于自己还没有弄清楚的大问题大道理，那非但不必写，简直不容写，写出来就是欺人，欺人是最要不得的。

写字

末了儿还得说一说写字。一般人只须讲求实用的写字，不必以练成书家为目标。实用的写字，除了首先求其正确之外，还须求其清楚匀整，放在眼前觉得舒服，至少也须不觉得难看。

临碑帖，一般人没有这么多闲工夫。只须逢写字不马虎，就是练习。写字是手的技能，随时留意，自然会做到心手相应的地步。

目前写字的工具不只毛笔，钢笔、铅笔也常用，也许用得更多。无论用什么笔写，全都得不马虎，才可以养成好习惯。

就字体而论，一般人只须注意真书行书两种。行书写起来比真书快，所以应用更广。行书是真书的简化，基本还是真书。真书写得像样，行书就不会太差。

真书求其清楚匀整，大略有如下几点可以说的。

（一）笔笔交代清楚，横是横，撇是撇，一点不含胡。

（二）横平竖直，不要歪斜，这就端正了。

（三）就一个字而言，各笔的距离务须匀称，不太宽也不太挤。这须相度各个字的形状。偏旁占一半还是二分之一，头和底各占几分之几，中心又是哪一笔，相度清楚，然后照此落笔。距离匀称，不宽不挤，看在眼里就舒服。

（四）就一行的字而言，须求其上下连贯，无形中好像有一条直线穿着似的。还须认定各个字的中线，把中线放在一直线上。中线或是一竖，如"中"字、"草"字，或是虚处，如"非"字、"井"字，很容易辨明。

（五）就若干行的字而言，须求两行之间有一条空隙。次行的字的笔画触着前行的字的笔画固然不好看，就是几乎要触着也不好看。

（六）写一长篇的字须要前后如一。如果开头端端整整，到后来潦潦草草，这就通篇不一致，说不上匀整了。

如果有工夫练习实用的写字，可以按字的形体分类练习，如挑选若干木旁字来写，又挑选若干雨头字来写。木旁雨头的字是比较容易的。比较烦难的尤宜如此，如心底的字，从辶的字。手写之外，宜乎多看，看人家怎样把这些字写得合适。看与写并行，心与手并用，自然会逐渐有进步。

1948 年 5 月，《中学生》月刊为纪念总 200 期出版，

编辑增刊《中学生手册》。

手册中《中学各科学习法》栏之《国文》篇，

由叶圣陶撰写并署名。

认真学习语文

学习语文很重要

学习语文的确很重要。近几年来，越来越多的人觉得自己的语文程度不够高。需要学习，需要补课。

语文程度不够高，大约指两个方面：一方面是阅读。比方看《人民日报》社论，有些人看是看下去了，可是觉得不甚了然，抓不住要点，掌握不住精神。另一方面是写作。写了东西，总觉得词不达意，仿佛自己有很好的意思，只因写作能力差，不能充畅地表达出来。这就可见阅读和写作两方面的能力都要提高。

阅读是怎么一回事？是吸收。好像每天吃饭吸收营养料一样，阅读就是吸收精神上的营养料。要做一个社会主义时代的公民，吸收精神上的营养料比任何时代都重要。写作是怎么一回事？是表达。把脑子里的东西拿出来，让人家知道，或者用嘴说，或者用笔写。阅读和写作，吸收和表达：一个是进，从外到内；一个是出，从内到外。这两件事，无论做什么工作都是经常需要的。

这两件事没有学好，不仅影响个人，还会影响社会。说学习语文很重要，原因就在这里。

对学习语文要有正确的认识

什么叫语文？平常说的话叫口头语言，写到纸面上叫书面语言。语就是口头语言，文就是书面语言。把口头语言和书面语言连在一起说，就叫语文。这个名称是从一九四九年下半年用起来的。解放以前，这个学科的名称，小学叫"国语"，中学叫"国文"，解放以后才统称"语文"。

语言是一种工具。工具是用来达到某个目的的。工具不是目的。比如锯子、刨子、凿子是工具，是用来做桌子一类东西的。我们说语言是一种工具，就个人说，是想心思的工具，是表达思想的工具；就人与人之间说，是交际和交流思想的工具。

思想和语言是分不开的，想心思得靠语言来想，不能凭空想。可以说，不凭借语言的思想是不存在的。固然，绘画、音乐、舞蹈表达思想内容是不凭借语言的，绘画凭借线条和色彩，音乐凭借声音和旋律，舞蹈凭借动作和姿态，可是除了这些以外，表达思想都要依靠语言。

就学习语文来说，思想是一方面，表达思想内容的工具又是一方面。工具有好有坏，有的是锋利的，有的是迟钝的，有的合用，有的不合用，这是一方面。思想也有好有坏，有的是正确的，有的是错误的，有的很周密，很深刻，有的很粗糙，很肤浅，这又是一方面。学习语文，这两方面都要正确对待。

有些人认为只要思想内容好，用来表达的语言好不好无所谓。有些人甚至认为语文是雕虫小技，细枝末节，不必多注意。既然这样，看书无妨随随便便，写文章无妨随随便便。文章写出来半通不通，不认为不对，反而认为只要思想内容好，写得差些没有关系。实际上，看书，马马虎虎地看，书上的语言还不甚了然，怎么能真正理解书的内容？写文章，马马虎虎地写，用词不当，语句不通，怎么能说思想内容好？文章写不通，主要由于没想通，半通不通的文章就反映半通不通的思想。

有些人认为只要学好了语文，思想内容的问题也会随之解决，因而就想专在字词语句方面下功夫。这个想法也不对。有人写工作总结写不好，写调查研究的报告写不好，认为这只是"写"的问题。学好了语文，工作总结和调查报告是不是一定写得好？不一定。为什么？工作总结必须参加了某项工作，对这一项工作比较全面地了解，知道这一项工作的优点和缺点，经验和教训，再加上语文程度不错，才能写好。调查报告也一样，一定要切切实实地调查，材料既充分而又有选择，还要能恰当地安排，才能写好。

这样说起来，要写好工作总结和调查报告，既要在语文方面下功夫，也要在实践方面下功夫。两方面的功夫都要认真地做，切实地做。

学语文为的是用，就是所谓学以致用。经过学习，读书比以前读得透彻，写文章比以前写得通顺，从而有利于自己所从事的工作，这才算达到学习语文的目的。进一步说，学习语文还可以养成想得精密的习惯，理解人家的意思务求理解得透彻，表达自己的意思务求表达得准确；还有培养品德的好处，如培养严肃认真、一丝不苟的态度等。这样看来，学习语文的意义更大了，对于从事工作和培养品德都有好处。

学习语文不能要求速成

我常常接到这样的信，信上说，"我很想学语文，希望你来封信说说怎样学"。意思是，去一封回信，他一看，就能学好语文了。又常常有这样的请求，要我谈谈写作的方法。我谈了，谈了三个钟头。有的人在散会的时候说："今天听到的很能解决问题。"解决问题哪有这么容易？哪有这么快？希望快，希望马上学到手，这种心情可以理解；可是学习不可能速成，不可能画一道符，吞下去就会了。学习是急不来的。为什么？学习语文目的在运用，就要养成运用语文的好习惯。凡是习惯都不是几天工夫能够养成的。比方学游泳。先看看讲游泳的书，什么蛙式、自由式，都知道了。可是光看书不下水不行，得下水。初下水的时候很勉强，一次勉强，两次勉强，勉强浮起来了，一个不当心又沉了下去。要等勉强阶段过去了，不用再想手该怎么样，脚该怎么样，自然而然能浮在水面上了，能往前游了，这才叫养成了游泳的习惯。学语文也是这样，也要养成习惯才行。习惯是从实践中养成的，知道一点做一点，知道几点做几点，积累起来，各方面都养成习惯，而且全是好习惯，就差不多了。写完一句话要加个句号，谁都知道，一年级小学生也知道。但是偏偏有人就不这么办。知道是知道了，就是没养成习惯。

一定要把知识跟实践结合起来，实践越多就知道得越真切，知道得越真切就越能起指导实践的作用。不断学，不断练，才能养成好习惯，才能真正学到本领。

有人说，某人"一目十行"，眼睛一扫就是十行。有人说，某人"倚马万言"，靠在马旁边拿起笔来一下子就写一万字。读得快，写得快，都了不起。一目十行是说读书很熟练，不是说读书马马虎虎；倚马万言是说写得又快又好，不是说乱写一气，胡诌不通的文章。这两种本领都是勤学苦练的结果。

要学好语文就得下功夫。开头不免有点勉强，不断练，练的功夫到家了，才能得心应手，心里明白，手头纯熟。离开多练，想得到什么秘诀，一下子把语文学好，是办不到的。想靠看一封回信，听一回演讲，就解决问题，是办不到的。

有好习惯，也有坏习惯。好习惯养成了，一辈子受用；坏习惯养成了，一辈子吃它的亏，想改也不容易。譬如现在学校里不少学生写错别字，学校提出要纠正错别字，要消灭错别字。错别字怎么来的呢？不会写正确的形体吗？不见得。有的人写错别字成了习惯，别人告诉他写错了，他也知道错，可是下次一提笔还是错了。最好是开头就不要错，错了经别人指出，就勉强一下自己，硬要注意改正。比方

"自己"的"己"和"已经"的"已"搞不清楚,那就下点儿功夫记它一记,随时警惕,直到不留心也不会错才罢休。

学习语文要练基本功

学习语文要练基本功。写一篇文章,就语文方面说,用一个字,用一个词,写一个句子,打一个标点,以及全篇的结构组织,全篇的加工修改,这些方面都要做到家才算好。这些方面都得下功夫,都得养成好的习惯。这样,写起文章来就很自由,没有障碍,能够从心所欲。培养这些方面的能力,养成好的习惯,就叫练基本功。

一出戏要唱功做功都好是不容易的。最近我看周信芳、于连泉(筱翠花)几位总结他们表演艺术经验的书,讲一个动作如何做,一句唱词如何唱,都有很多道理。道理不是嘴上说说的,是从实践中归结出来的。我们学习语文,看文章和写文章也能达到他们那样的程度,就差不多了。学戏的开始,不是从整出的戏入手的,一定要练基本功,唱腔、道白、身段、眼神,一举手一投足,都要严格训练,一丝不苟。起初当然勉强,后来逐渐熟练,表演起来就都合乎规矩。然后再学一出一出的戏。学绘画,要先练习写生,画茶杯,画花瓶,进一步练速写,这些都是基本功。学音乐、舞蹈也一样,都要练基本功。木工做一张桌子也不简单,锯子、刨子和凿子,使用要熟练,要有使用这些工具的好习惯,桌子才能做得合规格。总之,无论学什么,练基本功是很重要的。

学语文的基本功是什么?大体上说有以下几方面。

第一，识字写字。可能有人想，谁还不识字，这个功夫没有什么可练的。可是一个字往往有几个意义，几种用法，要知道得多些，各个字掌握得恰当，识字方面还得下功夫。譬如"弃甲曳兵而走"，这是《孟子》上的一句话。小学生可能不认识"曳"字，其余都是认识的。可是小学生只学过"放弃""抛弃"等词，没学过单用的"弃"字。至于"甲"知道是"甲、乙"的"甲"，"兵"知道是"炮兵""伞兵"的"兵"，"走"知道是"走路"的"走"。他们不知道"甲"是古代的军装，"兵"在古代语言中是武器，古人说"走"，现代人说"逃跑"。"曳"这个字现代不用了，只说"拖"。"而"字在现代语言中是有的，如"为……而奋斗"。可是照"弃甲曳兵而走"这句话的意思说，"而"字就用不着了。用现代话说，这句话就是"丢了铠甲拖着武器逃跑"。到高中程度，识字当然要比小学比初中更进一步，对某些字知道更多的意义和用法。中国字太多，太复杂，谁也不能夸口说念字不会念错。字要念得正确，不要念别字，这也是识字方面应该下的功夫。

写字也要下些功夫。不一定要去买什么碑帖，天天临它几小时，这不需要；可是字怎么写，总要有个规矩。写下的字是让人家看的，不是使人家看不清楚，看得很吃力。有时候我接到些信，字写得不清楚，要看好些时间，看得很吃力。不要自己乱造字，简化字有一定的规范，不要只管自己易写，不管别人难认。字要写得正确，一笔一画都辨得很明白；还要写得熟练，如果写一个字要想三分钟，这怎么能适应需要？要把字写得正确熟练，这就是基本功。

第二，用字用词。用词要用得正确，贴切，就要比较一些词的细微的区别。这是很要紧的。譬如与"密"字配合的，有"精密""严密""周密"等词，粗粗看来好像差不多，要细细辨别才辨得出彼此的差别。"精密"跟"周密"有何不同，"精密"该用在何处，"周密"该用在何处，都要仔细想一想。想过了，用起来就有分寸。如果平时不下功夫，就不知道用哪一个才合适。

用词，有时也表示一个人的立场。立场，就是站在哪一方面；比方有人说，在土地改革的时候，某村地主很"活跃"，这就是立场不对头。"活跃"往往用在对一件事表示赞美的场合。对地主用"活跃"不合适，要用"猖獗"。否则人家会认为你是站在地主的立场呢。这些地方如果平时不注意，就会出错。用词还有个搭配的问题。比方"成绩"，可以说"取得成绩""做出成绩"，如果说"造出成绩"就不合适。前边的词跟后边的词，有搭配得上的，有搭配不上的，把不相配合的硬配在一起，就不行。所以用词也是基本功，无论阅读或是写作都要注意。

第三，辨析句子。句子是由许多词组成的，许多词当中有主要的部分和附加的部分。读句子，写句子，要分清主要部分和附加部分，还要辨明附加部分跟主要部分是什么关系。比方"在党的领导下，我们取得了中国革命的胜利"。这句话的主要部分是什么？是"我们取得了胜利"。取得了什么胜利？取得了"中国革命的"胜利。还要弄清楚，"在党的领导下"是"取得"的条件，虽然放在头里，却关系到后面的"取得"。读一句话，写一句话，要能马上抓住主要的部分，能弄清楚其他的部分跟主要的部分的关系，这就是基本功。长句子尤其要注意。有些人看文章，又像看得懂，又像看不懂，原因之一就是弄不清楚长句子的各个组成部分的关系。

读文章，写文章，最好不要光用眼睛看，光凭手写，还要用嘴念。读人家的东西，念出来，比光看容易吸收。有感情的文章，念几遍就更容易领会。自己写了东西也要念，遇到念来不顺的地方，就是要修改的地方。好的文章要多读，读到能背。一边想一边读，有好处。这好处就是自己脑子里的想法好像跟作者的想法合在一起了，自己的想法和语言运用能力从而就提高不少。长的文章可以挑出精彩的段落来多读，读到能背。读的时候不要勉强做作，要读得自然流畅。大家不妨试试。

第四，文章结构。看整篇文章，要看明白作者的思路。思想是有一条路的，一句一句，一段一段，都是有路的，这条路，好文章的作者是决不乱走的。看一篇文章，要看它怎样开头的，怎样写下去的，跟着它走，并且要理解它为什么这样走。譬如一篇议论文，开头提出问题，然后从几个方面来说，而着重说的是某一个方面，其余几个方面只说了一点儿。为什么要这样安排呢？一定有道理。读的时候就得揣摩这个道理。再往细处说，第二句跟头一句是怎样连接的，第三句跟第二句又是怎样连接的，第二段跟第一段有什么关系，第三段跟第二段又有什么关系，诸如此类，都要搞清楚。这些就叫基本功。练，就是练这个功夫。

总起来一句话，许多基本功都要从多读多写来练。读人家的文章，要学习别人运用语言的好习惯。自己写文章，要养成自己运用语言的好习惯。要多读，才能广泛地吸取。要多写，越写越熟，熟极了才能从心所欲。多写，还要多改。文章不好，原因之一就是自己不改或者少改。有人写了文章，自己不改，却对别人说："费你的心改一改吧。"自己写了就算，不看不改，叫别人改，以为这就过得去，哪有这么容易的事？

写之前要多想想，不要动笔就写。想得差不多了，有了个轮廓了，就拟个提纲。提纲可以写在纸上，也可以记在脑子里。总之，想得差不多了然后写。写好以后，念它几遍，至少两三遍，念给自己听，或者念给朋友听。凡是不通的地方，有废话的地方，用词不当的地方，大致可以听出来。总之，要多念多改，作文的进步才快。请别人改，别人可能改得不怎么仔细，或者自己弄不明白别人这样那样改的道理，这就没有多大好处。当然，别人改得仔细，自己又能精心领会，那就很有好处。

认真不认真，是学得好不好的关键

希望学得好，先要树立认真的态度。看书，不能很快地那么一翻；看文章，不能眼睛一扫了事。写文章，不能想都不想，就动笔写，写完了自己又懒得改。这些都是不认真的态度。如果这样，一定学不好。某个中学举行过一次测验，有一道题里学生需用"胡同"这个词，竟有不少学生把极容易的"同"字写错了。从这上头可以看出学生学习态度不认真。这应该由老师负责，老师没有用种种办法养成学生认真的习惯。大事情是由无数小事情加起来的，小事情不注意，倒能注意大事情，这是不能令人相信的。

有的人写了文章，别人给他指出某处是思想认识上的错误，某处是语言文字上的错误，他笑了笑就算了，这也是不认真的态度的表现。写个请假条，写封信，也要注意。无论读或是写，都不能马虎。马虎是认真的反面。马虎的风气在学校里和机关里都有，要想办法改变这种坏风气。

有的老师、有的家长往往说，某某孩子两天就看完了《红岩》，真了不起。我认为这不很好。这样大的一本书两天就看完，可能只看见些影子，只记得几个人名，别的很难领悟。这样的读书法是不该提倡的。先要认真读，有了认真读的习惯，然后再求读得快。

一句话，希望同志们认真自学。在这里听到的，只能给同志们一些启发，一些帮助，重要的还在自学。再说，在这里听到的不一定全接受，要自己认真想过，认为确然有些道理，才接受。

刊 1963 年 10 月 5 日《文汇报》，署名叶圣陶。

原题《认真地努力地把语文学好》乃 1962 年 9 月 21 日

在北京中华函授学校语文学习讲座所作第一讲的讲篇，

原稿过长，刊出前由作者作了压缩，并改了题目。

略谈学习国文

无论学习什么学科，都该预先认清楚为什么要学习它。认清楚了，一切努力才有目标、有方向，不至于盲目地胡搞一阵。

学生为什么要学习国文呢？这个问题，读者诸君如果没有思考过，请仔细地思考一下。如果已经思考过了，请把思考的结果和后面所说的对照一下，看从中能不能得到些补充或修正。

学习国文就是学习本国的语言文字。语言人人能说，文字在小学阶段已经学习了好几年，为什么到了中学阶段还要学习？这是因为平常说的语言往往是任意的，不免有粗疏的弊病，有这弊病，便算不得能够尽量运用语言；必须去掉粗疏的弊病，进到精粹的境界，才算能够尽量运用语言。文字和语言一样，内容有深浅的不同，形式有精粗的差别。小学阶段学习的只是些浅的和粗的罢了，如果即此为止，还算不得能够尽量运用文字；必须对于深的和精的也能对付，能驾驭,才算能够尽量运用文字。尽量运用语言文字并不是生活上一种奢侈的要求,实在是现代公民所必须具有的一种生活的能力。如果没有这种能力,就是现代公民生活上的缺陷;吃亏的不只是个人,同时也影响社会。因此,中学阶段必须继续着小学阶段,学习本国的语言文字——学习国文。

语言文字的学习,就理解方面说,是得到一种知识;就运用方面说,是养成一种习惯。这两方面必须连成一贯。就是说,理解是必要的,但是理解之后必须能够运用;知识是必要的,但是这种知识必须成为习惯。语言文字的学习,出发点在"知",而终极点在"行";到能够"行"的地步,才算具有这种生活的能力。这是每一个学习国文的人应该记住的。

从国文科,咱们将得到什么知识、养成什么习惯呢? 简括地说,只有两项:一项是阅读,又一项是写作。要从国文科得到阅读和写作的知识,养成阅读和写作的习惯。阅读是"吸收"的事情,从阅读,咱们可以领受人家的经验,接触人家的心情;写作是"发表"的事情,从写作,咱们可以显示自己的经验,吐露自己的心情。在人群中间,经验的授受和心情的交通是最切要的,所以阅读和写作两项也最切要。这两项的知识和习惯,他种学科是不负授予和训练的责任的,这是国文科的专责。每一个学习国文的人应该认清楚:得到阅读和写作的知识,从而养成阅读和写作的习惯,就是学习国文的目标。

知识不能凭空得到,习惯不能凭空养成,必须有所凭借,那凭借就是国文教本。国文教本中排列着一篇篇的文章,使学生试去理解它们，理解不了的，由教师给予帮助（教师不教学生先自设法理解，而只是一篇篇讲给学生听，这并非最妥当的帮助）。从这里，学生得到了阅读的知识。更使学生试去揣摩它们，意念要怎样地结构和表达，才正确而精密，揣摩不出的，由教师给予帮助。从这里，学生得到了写作的知识。如果不试去理解，试去揣摩，只是茫然地今天读一篇朱自清的《背影》，明天读一篇《史记》中的《信陵君列传》，那是得不到什么阅读和写作的知识的，国文课也就白上了。

这里有一点必须注意，国文教本为了要供学生试去理解，试去揣摩，分量就不能太多，篇幅也不能太长；太多太长了，不适宜于做细琢细磨的研讨功夫。但是要养成一种习惯，必须经过反复的历练。单凭一部国文教本，是够不上说反复的历练的。所以必须在国文教本以外再看其他的书，越多越好。应用研读国文教本得来的知识，去对付其他的书，这才是反复的历练。

现在有许多学生，除了教本以外，不再接触什么书，这是不对的。为养成阅读的习惯，非多读不可，同时为充实自己的生活，也非多读不可。虽然抗战时期，书不容易买到，买得到的价钱也很贵；但是只要你存心要读，究竟还不至于无书可读。学校图书室中不是多少有一些书吗？图书馆固然不是各地都有，可是民众教育馆不是普遍设立了吗？藏书的人（所藏当然有多有少）不是随处都可以遇见吗？各就自己所好，各就各科学习上的需要，各就解决某项问题的需要，从这些处所借书来读，这是应该而且必须做的。

写作的历练在乎多作，应用从阅读得到的写作知识，认真地作。

写作，和阅读比较起来，尤其偏于技术方面。凡是技术，没有不需要反复历练的。学校里的定期作文，因为须估计教师批改的时间和精力，不能把次数规定得太多，每星期作文一次算是最多了。就学生历练方面说，还嫌不够。为养成写作的习惯，非多作不可；同时为适应生活的需要，也非多作不可。作日记，作读书笔记，作记叙生活经验的文章，作发抒内部情思的文章，凡遇有需要写作的机会，决不放过，这也是应该而且必须做的。

1942 年 1 月 1 日发表。

"教育"就是"养成好习惯"
——论素质教育

"习惯成自然"

"习惯成自然"，这句老话很有意思。

我们走路，为什么总是一脚往前，一脚在后，相互交替，两条胳膊跟着摆动，保持身体的均衡，不会跌倒在地上？我们说话为什么总是依照心里的意思，先一句，后一句，一直连贯下去，把要说的都说明白了？

因为我们从小习惯了走路，习惯了说话，而且"成自然"了。什么叫作"成自然"？就是不必故意费什么心，仿佛本来就是那样的意思。

走路和说话是我们最需要的两种基本能力。推广开来，无论哪一种能力，要达到习惯成自然的地步，才算我们有了那种能力。不达到习惯成自然的地步，勉勉强强地做一做，那就算不得我们有了那种能力。如果连勉勉强强做一做也不干，当然更说不上我们有了那种能力了。

听人家说，对于样样事物要仔细观察，才能懂得明白，心里相信这个话很有道理。这当儿，我们还不是已经有了观察的能力。

听人家说，劳动是人人应做的事，一切的生活资料，一切的文明文化，都是从劳动产生出来的，心里相信这个话很有道理。这当儿，我们还不是已经有了劳动的能力。

听人家说，读书是充实自己的一个重要法门，书本里包含着古人今人的经验，读书就是向许多古人今人学习，心里相信这个话很有道理。这当儿，我们还不是已经有了读书的能力。

听人家说，人必须做个好公民，现在是民主的时代，各个公民尽责守分，才能有个好秩序，成个好局面，自己幸福，大家幸福，心里相信这个话很有道理。这当儿，我们还不是已经有了做好公民的能力。

这样说下去是说不完的，就此打住，不再举例。

要有观察的能力，必须真个用心去观察。要有劳动的能力，必须真个动手去劳动。要有读书的能力，必须真个把书本打开。认认真真去读。要有做好公民的能力，必须真个把公民应做的一切事认认真真去做。在相信人家的话很有道理的时候，只是个"知"罢了，"知"比"不知"似乎好些，但仅仅是"知"，实际上与"不知"并无两样。到了真个去观察去劳动……的时候，"知"才渐渐化为我们的习惯，习惯成自然，才是我们的能力。

通常说某人能力不强，就是某人没有养成多少习惯的意思。譬如说张三记忆力不强，就是张三没有把看见的、听见的一些事物好好记住的习惯。譬如说李四发表力不强，就是李四没有把自己的思想和感情说出来、写出来的习惯。

习惯养成得越多，那个人的能力越强。我们做人做事，需要种种的能力，所以最要紧的是养成种种的习惯。

养成习惯，换个说法，就是教育。教育不限于学校，也不限于读书。学校教育只是教育的一部分，读书这件事也只是教育的一部分。我们在学校里受教育，目的在养成习惯，增强能力。我们离开了学校，仍然要从种种方面受教育，并且要自我教育，目的还是在养成习惯，增强能力。习惯越自然越好，能力越增强越好，孔子一生"学而不厌"，就因为他看透了这个道理。

1945 年 4 月 26 日作，

刊《开明少年》创刊号（7 月 16 日），署名翰先。

两种习惯养成不得

在本志第一期里，我说"习惯成自然"才是能力，一个人养成的习惯越多，他的能力越强。这一回要说的是习惯不嫌其多，有两种习惯却养成不得，除掉那两种习惯，其他的习惯多多益善。

哪两种习惯养成不得？一种是不养成什么习惯的习惯，又一种是妨害他人的习惯。

什么叫作不养成什么习惯的习惯？举例来说，容易明白。坐要端正，站要挺直，每天要洗脸漱口，每事要有头有尾，这些都是一个人的起码习惯，有了这些习惯，身体与精神就能保持起码的健康。但是这些习惯不是一会儿就会有的，也得逐渐养成。在没有养成的时候，多少要用一些强制功夫，自己随时警觉，坐硬是要端正，站硬是要挺直，每天硬是要洗脸漱口，每事硬是要有头有尾。直到"习惯成自然"，不待强制与警觉，也能行所无事地做去，这些就是终身受用的习惯了。

如果在先没有强制与警觉，今天东，明天西，今天这样，明天那样，那就什么习惯也养不成。而这今天东，明天西，今天这样，明天那样，倒反成为一种习惯，牢牢地在身上生根了。这种习惯就是"不养成什么习惯的习惯"，最要不得。为什么最要不得？只消一句话回答：这种习惯是与其他种种习惯冲突的，养成了这种习惯，其他种种习惯就很少有养成的希望了。

什么叫作妨害他人的习惯？也可以举例来说。走进一间屋子，"砰"的一声把门推开，喉间一口痰涌上来了，"扑"的一声吐在地上，这些都好像是无关紧要的事。但是很关紧要，因为这些习惯都将妨害他人。屋子里若有人在那里做事看书，他们的心思正集中，被你"砰"的一声，他们的心思扰乱了，这是受了你的影响。你的痰里倘若有些传染病菌，"扑"的一声吐在地上，这些病菌就有传染给张三或李四的可能，他们因而害起病来，这是受了你的影响。所以这种习惯是"妨害他人的习惯"，最要不得。在"习惯成自然"之后，"砰"的一声与"扑"的一声将会行所无事，也就是说，妨害他人将会行所无事。一个人如果明了自己与他人的密切关系，不愿意妨害他人，给他人不好的影响，就该随时强制，随时警觉，不要养成妨害他人的习惯。不问屋子里有没有人，你推门进去总是轻轻的；不问你的痰里有没有传染病菌，你总是把它吐在手绢或纸片上。这样"习惯成自然"，你就在推门与吐痰两件事上不致妨害他人了。推广开来说，凡是为非作歹的人，他们为非作歹的原因固然有许多，也可以用一句话来包括，他们的病根在养成了妨害他人的习惯。他们不明了自己与他人的密切关系，他们不懂得爱护他人，一切习惯偏向妨害他人的方面，他们就成了恶人。如希特勒，墨索里尼，日本军阀，是头等的恶人，其他如贪官、污吏、恶霸、奸商，也都是恶人中的代表角色。这些恶人向来为人们所痛恨，今后的世界上尤其不容许他们立足。谁要立足在今后的世界上，谁就得深切记住，不要养成妨害他人的习惯。

习惯不嫌其多，只有两种习惯养成不得：一种是不养成什么习惯的习惯，又一种是妨害他人的习惯。

1945 年 9 月 5 日作，

刊《开明少年》5 期（11 月 16 日），署名翰先。

自己受用

我们求各种知识，练各种能力，不是为了装点门面。装点门面是可做可不做的事情，做了外表好看，固然不算坏，可是不做也无关紧要。我们求各种知识，练各种能力，是为了供自己受用。除了跟自己捣乱的人，谁不希望知识广，能力强，一辈子受用不尽？要实现这种希望，求与练的事情就非做不可。

什么叫作受用？请举两个例子来说。原先你常常伤风，鼻酸喉痛，非常难过。后来你有了卫生知识，你应用了卫生知识，随时当心你的衣着，护卫你的呼吸器官，你不大伤风了。这就是受用。原先你写信写不好，满头大汗写了大半天，还是前言不搭后语。非常痛苦。后来你的表达能力增进了，想起心思来有条有理，说起话语来句句顺适，你给任何人写信，都能把你的情意写得清清楚楚。这就是受用。

不懂得卫生知识，不练成发表能力，你一辈子也得不到受用。懂得了、练成了之后，你一定可以一辈子受用。无论何种知识、何种能力都如此。

为了供自己受用，我们才去求知识、练能力，这一点必须认识清楚。认识清楚之后，一个学生自然知道上学不是为了遵从父兄的督促，不是为了应酬学校的招徕，上学原是自己的事情。也自然知道上学的目标不是为分数，不是为文凭，不是为某级学校毕业生的名目，却为的充实自己的生活。这才是正当的学习态度。即使不在学校里的，只要他还在求知识，练能力，也应当抱着这样的学习态度。

这样的学习态度为什么好？首先，是自己的事情，一定搞得很切实。不大明白，非弄个明白不可。怀有疑问，非彻底究明不可。技术生疏，非努力练熟不可。这样切实干去，成绩当然不会差。其次，抱这样的学习态度的，学习必然与生活关联在一起。学习与生活脱离了关系是一般的毛病，学习的是一套东西，生活所凭依的另是一套东西，学了植物学可以不辨菽麦，练了好几年作文可以写不来一封信。现在知道为了生活才要学习，当然只有一套东西，那套东西就是生活里的种种项目。又其次，抱这样的学习态度的，随时可以得到受用。知识懂得透彻了，能力练得精熟了，用来应付生活，就比先前大不相同，这是当场兑现，立时受用。知识的界限无穷，能力的发展无限，一个人永远抱这样的学习态度，就永远有新的收获，永远有新的受用。

1947 年 12 月 26 日作，

刊《开明少年》31 期（1948 年 1 月 16 日），署名编者。

"为己"

任何事情只怕不想，如果肯想，没有想不明白的。

住学校，当学生，学习各种功课，所为何事？——对于这个问题，凡是当学生的都该想一想，想明白了，一天天的用心用力才有意义。否则，自己都莫名其妙，想是胡想，动是盲动，不说别的，这样的生活也太无聊了。

咱们先这样想起。一个人遇见任何种物，不懂得它的道理，着手任何种事，不懂得它的做法，这样的人要得要不得？那是无知无能，当然要不得。为什么说当然要不得？因为做一个人必须与物跟事打交道，打交道必须凭借知和能。你不懂得道理和做法，交道就打不成，你的生活必将一塌糊涂，这如何要得？

世间的物非常多，各有各的道理；世间的事非常多，各有各的做法。一个人要完全懂得一切的道理跟做法，正像庄子所说"以有涯逐无涯"，事实上必然办不到。可是咱们也并不要完全懂得一切的道理跟做法。咱们可以用执简御繁的办法，把所谓道理跟做法分为若干门类，提纲挈要地懂得它们，懂得了纲要之后，待碰到个别的物跟事的时候，就可以用比照或类推的方法分别对付，往细密处、精深处再加研求。

学校里的各种功课就是这样来的。简单说一句，各种功课就是一切道理跟做法的分类的纲要。咱们生活中，无论物质方面或精神方面，凡是必需的道理跟做法，各种功课都有涉及；所以说是一切道理跟做法的纲要。咱们生活中，物跟事纷然而至，并不标明什么是什么；学校里的功课可分了门类，数学科专讲关于算数的道理跟做法，公民科专讲关于公民的道理跟做法，其他准此；所以说是一切道理跟做法的分类的纲要。

学习了各种功课，咱们可以懂得许多物的道理。这所谓懂得，不仅能够挂在口头"摆"一阵，而且能够心领神会，真个了解其所以然。学习了各种功课，咱们可以懂得许多事的做法。这所谓懂得，不仅能够一是一、二是二地说出来，而且确然能够这么做，这么做化成了自身的习惯。

懂得了许多的道理跟做法，咱们的生活才丰富，才美满。就日常说，咱们决不会存着迷信的念头，说出无理的言语，作出狂妄的举动。就事业说，咱们种田就能把田种好，做工就能把工做好，总括一句，做任何事业都能够守分尽职。就人伦说，咱们做儿女能尽儿女之道，做公民能尽公民之道，如果做父母，就能尽父母之道，做领袖，就能尽领袖之道。以上把丰富的美满的生活约略加以说明。咱们现在学习各种功课，就为要增长咱们的知跟能，实现这样的生活。

孔子说："古之学者为己，今之学者为人。"为己，就是说所学都归自己受用，生活从而丰富美满。为人，就是说所学跟生活不发生关系，学如未学，徒然说些空话，摆个空架子，使人家误认他已经学了。孔子这个话，慨叹他当时的学者学而不得其道。学如未学，又何必学，诚然可以慨叹。咱们从此应该相信，事不论古今，学必须"为己"才行。

咱们认定了"为己"这个标的，然后去学习各种功课，情形就大不相同。咱们将不再以为做功课仅是"读书"，只须记得牢、背得出、答得出老师的考题，取得到及格的分数。书固然要读，可是印在书本上的不过是各种道理跟做法的记录，最要紧的一步还在把这些道理跟做法化为咱们的知跟能。说到"化为"，光是"读"决不济事，必须随时随地使各种功课跟咱们的思想行为打成一片才成；打成一片是咱们自己的受用，咱们不但要知道必须如此，而且要乐于做到如此。"知之者不如好之者，好之者不如乐之者。"到了"乐之"的阶段，凡是所学的东西还有不是"为己"的吗？

1943 年 1 月 4 日作，

刊《四川学生》月刊 1 卷 2 期，署名叶圣陶。

改善生活方式

　　我不愿意就"青年的责任""青年应该怎样修养"一类的大题目说话。对于这类大题目，自己也不甚了了；勉强拉扯说一番，当然办得到，可是把自己不甚了了的话说给人家听，要想在人家身心上发生作用，岂不是缘木求鱼？而且，这未免近乎欺骗人家，欺骗人家的事儿，我不想干。

　　我只能把近年来的感受作依据，说一些话。单凭感受，不周全是难免的，错误也可能有。然而我的心是诚恳的，我的态度是严肃的，我决不想写一些敷敷衍衍的话浪费本志的篇幅，欺骗本志的读者。

　　近年来我很有机会与青年们接触。我觉得青年们中间，除了少数人以外，都有改善生活方式的必要。我并不是说青年以外的壮年人、中年人、老年人的生活方式都尽善尽美，无须改善。只因为现在要说的是青年，所以把壮年人、中年人、老年人撇开了。

请先说一些实况，看看一般青年的生活方式。

在学校里上课，不想想学习那些科目为的什么。教师在那里讲，就随随便便地听听，教师出了练习题，就无可奈何地做了交上去。那学习得来的东西本该是成为新习惯、化为新经验的，却都看作与己无关的东西，学期考试一过，忘了一半，毕业文凭拿到，忘了全部。

精神方面是普遍的懒散。升旗降旗是何等严肃的仪式，可是懒洋洋地集合，懒洋洋地唱国歌。假如训育先生不怎么认真，索性躲在隐蔽地方伸伸懒腰，挨过那几分钟的时间。运动场上往往只见少数几个"专家"在那里活动。童子军军训课，听说教官请假，倒会起劲地拍一阵手。劳作是一个学期制不成一件东西，种了菜或是豆越来越见得黄瘦。参加什么集会，起初是轰轰地闹一阵，好容易把章程议定，把职员举出来，事情就完毕了。会议时候照例只会乱说，不会讨论；连乱说也不成，只是默然坐在一旁呆看呆想的，尤其多。肯做事的没有做事的条理。怕做事的以做事为多事，信奉"多一事不如少一事"的教条。又怀着一种大可不必的疑惧，深怕被人利用，做人家的工具。不愿被利用，不愿做工具，就只有"明哲保身"，一切不管。二十岁左右的年纪，就形体上与意念上说，已经与四五十岁的人差不多，很难看出所谓"青年朝气"。

很少人有每天看报的习惯。报纸送来了，抢着看看时事的大标题，算是"有心人"了。其余的或是索性不看，或是对着广告栏里的电影广告出一会儿神，似乎电影比决定人类未来命运的大战争更为重要。星加坡① 为什么重要，达尔文港在哪一洲的哪一角，地理教科书里都已说过了的，一时未必知道。

在大学里，青年们口头常用的词语，以"贷金"和"伙食"为最多。"贷金还不发""贷金不够用""贷金该增加""伙食坏极了""甲组的伙食团办得不好，我要退出了""乙组的伙食经理有办法，每天还能买两斤肉"，诸如此类。人不吃就活不成，吃诚然是要紧的事儿，可是青年把全副精神都集中在吃上，却是近年来的特有现象。

毕了业要就业，就业的时候，依理说，先得问自己能做什么，然后去就那能做的业。实际可不然，先问那种业有多少薪水，多少生活津贴，认为可以的时候，就是不能做的也勉强去做。随后听到另一种业薪水高，生活津贴多，又想方设法希图改就。服务道德与工作技能全都不考虑，唯一的目标是拿钱。

"某一个同学毕业出去，薪水四百块，还有津贴和家属米，好运气！"言下不胜其艳羡。"教师没有做头，一天到晚上课，也不过拿这么两三百块钱"，言下不胜其鄙薄。从不曾听见有人说过"某同学做事有真实成绩，我希望将来和他一样"，或"某事有价值，我准备去干"一类的话。"拿钱第一"，事业不管。"混混第一"，成绩不管，那怎么行！

高中毕了业，到公务机关去做事，画图画得不像个样子，做统计错误百出，做书记别字连篇。大学或专科毕了业，当教师抓不住所

---

① "星加坡"，新加坡旧称之一。——编者注

任功课的要领，当技术人员把事业搅得失败了完事。有一班学习农产制造的同学，毕业之后多数进了新兴的几个酒精厂当技师。不到半年工夫，这个厂停工了，那个厂失败了。虽说有种种别的原因，但是那些新技师的设计和做法也是失败的一个重要原因。

本着"拿钱第一"的信念，大学同学也做起生意来了。什么东西什么价钱，一个月间什么东西的价钱涨了多少，打听得清清楚楚。囤文具，囤化学药品，推广开来，就囤布匹毛线等。有些青年索性开"寄卖所"，大学里的学分还没有读完，管它，宁可跑来跑去做商品的掮客。一个月可以拿到一两千块钱呢，足够的学分哪里换得到这么些钱！

一个大学毕业的同学，当了某省某厅的出纳，冒开支票想侵吞公款，一开就是二十多万元。事情被发觉了，几乎受到枪决的处分。这虽是一个特例，却使人发出无限感喟。物价高涨、生活艰难的影响，把一些青年清明的神思搅糊涂了，眼前只认得钱，只想要钱，道德和法律都不妨丢在脑后。如此情形，将来何堪设想！

实况是列举不完的，我想就此为止。从以上所说的实况来看，我以为青年们现在这样的生活方式实在要不得，就是国家承平、社会安康的时候也要不得，在抗战建国的今日，在决定人类未来命运的今日，尤其要不得。为什么要不得？因为从中看不到一点儿理想的影子。

人不能没有理想，没有理想只能糊糊涂涂地活下去，反省一下就会感到无聊，感到没意思。肚子吃饱了，身体穿暖了，活是活得成了，但是活下去做什么呢？回答不上来，一定索然，自觉与禽兽无异。有了理想就不然。咱们一天天生活下去，好像黑夜航行在海里的船，理想就是招引咱们的灯塔，咱们要生活，要努力，就为要到达那座灯塔。

理想的内容，人人可以不同。但是在今日，咱们有个共同的基本的理想。怎么是"共同的"？就是说，事实上人人需要那个理想，理论上人人应有那个理想。怎么是"基本的"？就是说，那个理想是一切其他理想的基本，假如那个理想不能实现，就谈不到其他理想。那共同的、基本的理想是什么？就是"抗战必胜，建国必成"。不要说这样的八个字是标语，是口号，稀松平常。要知道标语口号正是大众理想的表现，只把它写在纸上，喊在口头，当然稀松平常。如果要把它实现，成为事实，就得大众都来努力。只要不忘记历史教科书和地理教科书里的叙述，就会知道这是每个人的事，而且是非做不可的事。要做到怎样才算数？就在一个"胜"字和一个"成"字。在这两个字上，标明了咱们的理想。

青年们如果怀着这个理想，生活方式必然会与前面所说的不同。第一，必然会唯恐不及地充实自己。服务道德必求其到家，工作技能必求其完善，因为唯有这样，才可以实现理想。现在的学校教育不满人意，这有种种原因，一时恐也难以改好。青年们为充实自己起见，必然会把依赖性的"受教育"转变为主动性的"自我教育"。教师教课马虎不管他，咱们自己却要认真学习。学校训导松懈不管他，咱们自己却要严格自律。教师和学校不能好好地干是他们的事，咱们不能因为他们干不好就耽误了咱们自己，同时耽误了理想的实现。这是所谓"反求诸己"，并不是一种玄虚的理论，只要想做，肯做，谁都办得到。

原来"教育"这个词儿，如果解释得繁复，几本书未必说得完；简单的解释，一句话就可以说尽，就是"养成好习惯"。怎样的习惯才算好？能使才性充量发展的是好习惯，能把事情做得妥善的是好习惯，能使公众得到福利的是好习惯，大概也不过如此而已。所谓"自我教育"，就是不去依傍他人的力量，自己来养成这些好习惯。青年们如果怀着理想的话，如果热切期望实现理想的话，那么急于养成好习惯的愿望自然会像火一般地燃烧起来。青年们虽然不像将士一样在前线打仗，可是大家都知道，现代战争的决定因素不限于军事。军事有办法，其他却极糟糕，胜利还是没有把握的。一个人不守秩序，一个人办不好事，一个人技术低劣，看来好像关系很微细；但是多数人不守秩序，多数人办不好事，多数人技术低劣，关系就重大了，这将抵消军事的成绩而且还有欠额，结果将得不到"胜"而得到"败"。怀着理想的青年谁肯做这样的"一个人"呢？不肯做，就得整饬自己，训练自己，养成种种好习惯。别人如何且不管，总之先把自己做成一个问心无愧、实际上确然无愧的人。每个青年都不肯做这样的"一个人"，也就不会有这样的"多数人"了，这才有实现那个"胜"字的指望。

　　说到建国，那头绪太纷繁了，不知有多少事需要做，非但做，而且一定要做得妥善，才会实现那个"成"字。青年们如果怀着理想的话，如果热切期望实现理想的话，就该问问自己的实质，能够在建国的大题目下做一件事吗？能够把一件事做得妥善吗？其时必将万分焦急，连觉也睡不熟。焦急之余，必将整饬自己，训练自己，养成种种好习惯。于是认识也与一般人不同了。一般人说，我国现方着手建设，可做的事很多，青年不怕没有出路。而怀着理想的青年却说，在建国的许多事项中，我们能做某一项，我们要把它做好，成为"建国必成"的一个因素。

现在同盟军与敌人作战，虽说从具体的估量上，同盟军有胜利的把握，可是在真正取得胜利之前，咱们不能不从最坏的方面打算。万一同盟军失败了，世界就将进入黑暗的时期。如果到了那个时期，咱们将被黑暗吞没呢，还是与黑暗奋力斗争，扑灭了它，迎接新的光明？怀着理想的青年们打算到这一层，势必检讨自己的实质，我有爱着光明的热诚吗？我有排斥黑暗的坚志吗？我有与黑暗斗争的力量与技能吗？检讨之余，必将唯恐不及地整饬自己，训练自己，养成种种好习惯，以便应付那一场或许会到来的斗争。只要坚持光明是必须迎接的，黑暗是必须排斥的，自当作这种不能没有的准备。

"自我教育"好像是个人的事，其实凡是人的事决不会是个人的，个人的思想行动必然牵涉到别人，思想行动必然在群众中间表现，所以养成好习惯须特别偏重在群的方面。在群的方面有了种种好习惯，其人还会有问题吗？在群的方面恪守秩序，在群的方面办好事，在群的方面修炼技能，这可以概括合理的生活方式的全部了。不要说别人马马虎虎，我也不妨马马虎虎。要知道别人马虎是别人的事，我管不着，为了我的理想就不应该马马虎虎。这样办法好像是冥心孤往，怪寂寞的。其实不然。所谓"德不孤，必有邻"，你取了这样的生活方式，必然有同样的人来做你的同志。同志的最确切的意义，该是互相督促、互相激励的一群人中间的一个。有一群人在一起，理想相同，生活方式相同，各人自我教育，同时也就是彼此互相教育，这是多么有劲的情形，哪里会感到寂寞？这样的群扩大开来，直到包括我们青年的全部，一切情形该会大大地改观吧。即使一切的壮年人、中年人、老年人都不行，单靠这样一批青年，就将开个新局面。何况壮年人、中年人、老年人也不全是废料，他们只要有理想，也会像青年一样振作起来。

目前物质生活是一般的苦。可是要知道，在一个国家排除患难、辛勤缔造的时候，在许多国家为人类未来的命运而奋斗的时候，个人吃些苦是本分中事，算不得什么。前线的将士可以吃苦，修公路、造飞机场的工人可以吃苦，努力生产各种资源的农工可以吃苦，战区和沦陷区的同胞可以吃苦，为什么青年们就不能吃苦？这是回答不上来的。固然，现在有些达官贵人和富商巨贾，他们与从前一样有丰厚的享受，他们并不吃苦。可是他们的生活方式该不该如此，自有公平而严正的批判在，青年们决不该把他们认作标准，以为自己也要与他们一样才满足。饭还可以勉强吃饱，衣服还勉强可以对付，就是了，坏一点儿破一点儿有什么关系？成天到晚为了物质享受不满足而感到烦恼，成天到晚想着"钱！钱！钱！"自己没有做侵略者的奴隶，却先做了物质与钱的奴隶了。这样的生活是怀着理想的青年所不能堪的。怀着理想的青年以接近理想为乐，以实现理想为乐，以不能实现理想为苦，以理想的实现被障碍为苦，苦乐都跟物质与钱不相干。从前颜渊一箪食，一瓢饮，居陋巷，人不堪其忧，而他不改其乐。他是假装这么一副样子，希望受到孔老先生的称赞吗？他是天生的贱东西，不辨物质的好歹，所以得了很差的一点儿享受，就沾沾自喜吗？都不是。他在物质生活之外，自有他的精神生活。他的精神生活很充实，很丰满，使他乐不可支，物质生活的简陋与它比起来，简直微细到不足齿数了。所以，仅仅知有物质生活的人，要他不要想到物质生活简陋的苦，是千难万难的。就是用强制的功夫硬要不想到，也只能见效于一时，决不能终身以之而不变。但是知有精神生活的人，也就是怀着理想的人，物质生活优裕他也过得来，物质生活简陋他也无所谓。在没有简陋到不能透气的时候，也就是他还是活着的时候，他决不忘却他的理想。接近理想，实现理想，乐在其中矣，他还计较什么吃的穿的！青年如果都怀着理想的话，我相信人人可以达到颜渊的境界，那种境界决不含有什么神秘性在里头。

我是中年人了，自问还不是废料，我与多数正当的人一样怀着那共同的、基本的理想，我热诚地要迎接光明。凭我的感受，我认为多数青年的生活方式照此下去，前途实难乐观。我描摹不出我心头的着急。今天写了这么一篇文字，复看一遍，还没有畅达我的意思。其实即使畅达了，还不是人人常说的一些普通意思？普通意思不妨复说一百遍，只要每说一遍能有一句两句话打动人心，发生实际的影响。我希望我的话有一句两句对青年们发生些影响。

1942 年 3 月 25 日作，

刊《中学生》战时月刊 55 期，署名圣陶。

充实的健全的人

我们对中学生诸君进言，一向劝诸君自学，做"为己之学"。教师或旁人无论如何胜任，无论如何热心，总之不过在先作个引导，从旁作个帮助；脚踏实地一步一步学习上去，全靠诸君自己。学习又得跟整个生活打成一片；学得的一点一滴，必须化而为生活的营养料，才有受用。这些意思都浅近不过，就是没有人说，诸君自己想想也就明白。可是想明白跟照样做，其间还一段距离。我们切望诸君想明白之后随即照样做，而我们与诸君之间的交通路线只凭刊载在本志（《中学生》）的一些文字，于是文字中就不免屡次提起这些浅近的意思，看来有些絮絮不休似的。愿诸君不要烦厌我们的絮絮不休，愿诸君鉴谅我们对于你们的忠诚。

我们想，需要充实的健全的人，再没有比现在更急切的了。就国内说，千万项的事业要兴办起来，无尽藏的资源要开发起来，学术文化至少要够得上世界一般的水准，工作服务至少要不缺乏我国传统的美德，这才能成就建国大业。就世界说，一班讨论战后问题的人差不多有相同的意见，就是各国人都得有或多或少的革故更新，把思想改得更明澈些，把胸襟改得更阔大些，这才能和平相处，奠定世界新秩序的基础。要实现这些个，全靠充实的健全的人。少数人充实健全不济事。充实的健全的人愈多，成效愈大。请记住，现在是这样的一个时代。

咱们有整个的教育系统，从小学至大学有各种的学科，除了学科而外，有环绕咱们的事事物物，足以引起咱们的思维与觉解：这些个咱们都不比人家短什么，依理说，咱们的学习至少该像人家一样的好。假如咱们很少成就或竟没有成就，那一定是学习的精神上跟方法上出了毛病；虽然教师或旁人也不免要负点儿责，但主要的还在咱们自己。只有咱们不想把自己充实起来、健全起来，学习的精神上跟方法上才会出毛病。如果感觉充实与健全的必要与急切，咱们的学习必然会走上正当的路子，收到应得的成效。

我们时常留心学校的成绩，不凭书面口头的标榜，不凭大略估量的统计，而从骨子里去看，不免感到前途未可乐观。考卷是成绩，我们亲眼看见与听人说起的关于考卷的趣事与笑话太多了。（其实哪里是趣事与笑话！）考卷还只是成绩的小部分，要看整个莫如看人，人表现全部的成绩。看人的结果，我们不愿意具体地说，说来叫人气短，总之距离最低限度的期望还有一段儿。需要充实的健全的人，现在是这样的急切，而这样的人的增多，却不很看得见朕兆，若说忧患，该没有比这个忧患更大的了吧！

要给成绩不好做辩护，我们知道可以举出种种的理由，环境不良啊，设备不周啊，心情不安啊，还有其他。可是，理由即使有一百种，也抵消不了学习者本身上的缺失，就是不想把自己充实起来，健全起来。这种缺失不能弥补，所举种种理由即使不存在了，成绩也未必就会好起来。本身没有这种缺失，抱着"充实第一""健全第一"的意志，必然能把有碍的种种理由克服，走上"自学""为己之学"的途径，表现着完美的成绩。种种理由当然是客观的存在；可是我们以为不必引来辩护自己，宽慰自己，最要紧的是问问自己到底想不想把自己充实起来，健全起来。

想想吧，这个时代，这个国家，这个世界。学习，学习，所为何来？生活，生活，所为何来？这些虽是近乎哲理的问题，但做一个人，你要不含糊，不马虎，就必须解答这些问题。解答之后，充实自己，健全自己，将是必然达到的结语。于是一切学习（不只限于学科方面）也将以全然不同于往日的精神跟方法来进行，结果完成个无愧于当世的人。人人都如此，咱们就没有忧患了，咱们的前途绝对乐观。

1943 年 9 月 1 日作，

刊《中学生》战时月刊 68 期，署名圣陶。

略谈音乐与生活

学校里都有音乐功课,上课时候由教师教一两支歌。可是试在学生休闲时间留心,学生似乎一致排斥教师所教的歌,很少听见他们唱。他们宁愿哼些地方戏,地方歌曲,评剧,电影歌词,乃至英语歌曲。他们唱这些东西并不循规蹈矩,只是随意遣兴而已;譬如唱评剧,马马虎虎,反反复复念着"我正在城楼观山景",就算在那儿唱了;其实这不成为唱,只能说是哼。

在集会的场合里,酒酣耳热,兴高采烈,往往有人被拉出来独唱。这些被拉出来的人往往是专门家,至少也得有一手。而与会的人齐声合唱的事却绝无仅有。仿佛正式开会的时候唱国歌,是因功令规定,不得不勉强敷衍,若能躲避,还是乐得不开口;至于自动地一齐合唱,那是从未梦想到的事,要说遣兴作乐,自有打趣说笑、猜拳赌酒那些办法在。

以上信笔写了些实况。根据这些实况，可见享受声乐这回事儿，在我国实在并不普遍。这一定是音乐教育方面出了什么毛病。我国自从施行新式教育就有音乐的课程，可是几十年来没有收到效果，一般人生活上得不到音乐的补益：教育家尤其是音乐教育家应该把其中的毛病找出来。咱们不该漫谈自夸，咱们中国自古是礼乐之邦；咱们应该认清实况，咱们现在是不会享受声乐的民族。出几个歌唱家，在都市里开几次独唱会，即使足与世界的名家并驾齐驱，也不能算是音乐教育的成功；必须一般人都受到音乐的滋养，能够唱，能够听，能够使生活进入更高更充实的境界，那才是成功。

音乐可以说是群性最丰富的艺术。单就声乐来说，你唱一支歌，无论自编的或现成的，只要你认认真真地唱，当一回事儿唱，你就宣泄了你的某种感情。人家听了你的歌，声入心通，也引起了某种感情。这当儿，你跟人家不但形迹上在一块儿，而且感情上也融和起来了。不问那感情是欢乐还是哀愁，总之你并不孤单，你的欢乐有人分享，你的哀愁有人共鸣。再说合唱。许多人合着和谐的旋律，同唱一支歌，假若各个人认认真真地唱，当一回事儿唱，就人人会觉得"小己"扩大了，扩大而为同在合唱的"一群"；也可以说"小己"融化了，融化在同在合唱的"一群"里头。感染，激动，团结，组织，都是人群间重要的事项，而音乐却有达成这些事项的直接作用。我虽然不懂音乐，可是就常识而言，我相信音乐教育必须特别着重它的群性；而一般人了解音乐，享受音乐，也必须特别着重这个群性。因为个人跟人家共哀同乐，小己扩而为大群，与大群融和。这就是生活进入了更高更充实的境界。

回忆抗战初起的时候，各地回荡着"冒着敌人的炮火，前进！前进！"的歌声。唱的人不但用口来唱，而且用赤诚的心来唱，抗战的精神不久就普遍到"全面"了。这是音乐的群性作用收到效果的真凭实据。音乐若能在各方面多多利用，其效果自当不可限量。

我不说音乐高于一切，最最重要；可是我相信音乐也是一个重要的文化部门，跟它疏远了，在个人就缺少了一条进入更高更充实的生活的途径，在大群就缺少了一种感染、激动、团结、组织的力量，关系实在不小。这里把想到的一些写出来，希望音乐教育家跟读者诸君加意。

1944 年 2 月 17 日作，

刊《中学生》战时月刊 74 期，署名圣陶。

"生活教育"——怀念陶行知先生

关于教育的见解，千差万别，可是扼要地区别起来，也很简单，大致可以分为相反的两派。就教育的目标说，一派希望受教育者成为工具；另一派希望受教育者成为人，独立不倚的人，不比任何人卑微浅陋的人。就教育的理解说，一派认为受教育者像个空瓶子，其中一无所有，开着瓶口等待把东西装进去；另一派认为受教育者自有发掘探讨的能力，这种能力只待培养，只待启发，教育事业并非旁的，就只是做那培养和启发的工作。就教育的方法说，一派注重记诵，使受教育者无条件地吞下若干东西；另一派注重创发，不但使受教育者吞下若干东西，尤其重要的在使受教育者消化那些东西，化为自身的新血液，新骨肉。以上说的目标、理解、方法三项是一致的。前一派希望受教育者成为工具，就不能不把他们认作空瓶子，要他们无条件地吞下若干东西。后一派希望受教育者成为人，自然要把他们当人看待，自然要把培养能力、启发智慧作为教育的任务，自然要竭力使他们长成新血液，新骨肉。就受教育者的方面说，受前一派的教育是"为人"，有人需要一批工具，你是应命准备去做工具，不是"为人"是什么？受后一派的教育是"为己"，"古之学者为己"的"为己"，发展知能，一辈子真实受用，这种教育就是陶行知先生所说的"生活教育"。

在皇帝的时代，在法西斯的国家，当然推行前一派的教育。皇帝要人民作工具供养他，法西斯机构要人民作工具拥护它，势所必然把教育作为造成工具的手段。但是，皇帝早已推翻了，法西斯已经打垮了，在人民的世纪中，人人要做独立不倚的人，不比任何人卑微浅陋的人，就必须推行后一派的教育，如陶行知先生所说的"生活教育"。

放眼看我国当前的教育，无论认识方面，表现方面，都还脱不出前一派的窠臼。教育原不是孤立的事项，有这么样的中国，就有如现在模样的教育。有人说，要把教育办好了，才可以把中国弄好。这自然见出对于教育的热诚和切望，可是实做起来未必做得通。还是调转来说，要把中国弄好了，才可以脱出前一派教育的窠臼，彻头彻尾地推行后一派的教育。所以陶行知先生一方面竭力提倡"生活教育"，一方面身任民主运动的先锋。现在推行"生活教育"，不怕艰难，不避危害，当然也有成就，那成就对于中国的弄好也大有帮助。然而那成就只是一点一滴的，要收到普遍的效果，要使人人受到充实自己、发展自己的教育，总得在中国真正弄好了之后。

担任教育工作的人多极了，人的聪明才智，一般说来是相去不远的，然而像陶行知先生那样提倡并且推行"生活教育"的有几人？像陶行知先生那样认清教育与其他事项的关系，献身于民主运动的又有几人？安得陶行知先生的精神化而为千，化而为万，整个教育界的人都把陶行知先生作为楷模，使中国与中国的教育一改旧观啊！

1946 年 10 月 23 日作，

刊《中学生》月刊总 181 期，署名圣陶。

关于青年的修养

读者中常有人写信来，希望本志能够刊载一些关于青年修养问题的文字。修养可以有广狭两义：广义把学问和技术的修炼都包括在内，狭义专指道德的训练。这里当是指狭义而言。

青年时期身心上变化甚大，最易受环境的影响。就教育的观点来说，青年时期最适于陶冶。青年们能够趁这时期自己注意到道德的训练，自是非常有益的事情。今年本志特辟《每月讲坛》一栏，邀请国内各方面的学问家、事业家写出他们所愿意对诸君谈的话，我们相信这些话对于诸君的修养一定会有莫大的帮助的。我们遇有相当的机会，也乐于把所想到的意思提出来。诸君自己如果有好的意见或什么问题，也请写出来，供大家讨论。

青年修养问题，范围很广，如个人日常的生活规律、求学、交友、恋爱、职业，以至人生观、世界观……种种方面，无所不包。在事实上，这些问题，诸君正不断地在自己的环境里接触着，而且所受自动的或被动的、显著的或暗示的训练一定已经不少。诸君如果能够好好地应用到生活中去，似乎再没有什么问题。不过事情并不如此简单。我们所处的时代，正是一个青黄不接的过渡时代，社会阶层复杂，而且在不绝地变化着，五花八门，几乎令人无从捉摸。在这样的时代，道德的标准也就因社会阶层的不同而各异其趣。因此我们就得注意到：我们对于任何道德训练，在接受以前，都得经过精密的考虑，检查出它所凭借的基础来，然后加以抉择。

道德的标准因时代而不同。这从诸君在学校里所修习的一门功课的名称的改变上就可以证明。这门功课是以对诸君施行道德训练为目标的，现在叫作"公民"，但在十多年前——五四运动之前，却并不叫作"公民"而叫作"修身"。就内容的性质来看，前后可说是大同小异，并无本质上的差别，所以要把名称改变，就因为在叫作"修身"的时代，训练的目标是以"个人为本位"的，后来时势不同了，训练的目标要以"社会为本位"了，这才改叫作"公民"。从个人本位的训练，转变到社会本位的训练，在教育上不能不说是一种进步。

不过社会上有些事情，往往注意到了这一方面，就把那一方面疏忽了。就这青年道德训练问题来看，最近十多年来一般的趋势，因为大家的注意力集中到社会问题和国家问题上去的缘故，关于个人的修养方面似乎太少有人关心了。像从前那种形式的、禁欲的、玄虚的个人修养，违反身心的发展，结果容易造成一些假道学、伪君子或迂夫子，我们当然不敢赞同。我们听说在世界上，有人正在鼓吹无条件地信仰偶像，养成青年的盲目的、被动的服从性，其结果大抵只能造成一些供人驱使的奴才，我们也不敢表示苟同。不过合理的，基于个人生活的现实性和社会性的基本训练，我们却以为应该充分接受。举例来说，节制和勤勉等德性看似平淡无奇，却是任何人从事任何事业所必须具备的条件。不能运用自己坚强的意志力量来克制不合理的欲望，其结果必致为欲望所牵制，无法保持自己的节操。又如一味散懒成性，苟且因循，任何学问或事业就都难望有成功。所以我们一方面固然要着眼于国家、社会等大问题，同时也不可把个人方面的种种基本训练完全忘记。

青年修养问题，范围既非常广泛，可以说的话当然很多。这里我们随便举出了上述的两点意见，不知青年诸君以为如何？

刊《中学生》杂志 71 号（1937 年 1 月 1 日），署名编者。

一辈子阅读是

一辈子在积蓄与长进中

——论阅读教育

书·读书

书是什么？这好像是个愚问，其实应当问。

书是人类经验的仓库。这样回答好像太简单了，其实也够了。

如果人类没有经验，世界上不会有书。人类为了有经验，为了要把经验保存起来，才创造字，才制作书写工具，才发明印刷术，于是世界上有了叫作"书"的那种东西。

历史书，是人类历代生活下来的经验。地理书，是人类对于所居的地球的经验。物理化学书，是人类研究自然原理和物质变化的经验。生物博物书，是人类了解生命现象和动植诸物的经验。——说不尽许多，不再说下去了。

把某一类书集拢来，就是人类某一类经验的总仓库。把所有的书集拢来，就是人类所有经验的总仓库。

人类的经验不一定写成书，那是当然的。人类所有的经验假定它一百分，保存在那叫作"书"的总仓库里的必然不到一百分。写成了书又会遇到磨难，来一回天灾，起一场战祸，就有大批的书毁掉失掉，又得从那不到一百分中间减少几成。

虽然不到一百分，那叫作"书"的总仓库到底是万分可贵的。试想想世界上完全没有书的情形吧。那时候，一个人怀着满腔的经验，只能用口告诉旁人。告诉未必说得尽，除下来的唯有带到棺材里去，就此永远埋没。再就接受经验的一方面说，要有经验，只能自己去历练，否则到处找人请教。如果自己历练不出什么，请教又不得其人，那就一辈子不会有太多的经验，活了一世，始终像个泄了气的皮球，瘪瘪的。以上两种情形多么可惜又可怜啊！有了叫作"书"的仓库，谁的经验都可以收纳进去，谁要经验都可以自由检取，就没有什么可惜又可怜了。虽说不能够百分之百地保存人类所有的经验，到底是一件非常了不起的事情。人类文明发展到如今的地步，可以说，没有叫作"书"的仓库是办不到的。

仓库里藏着各色各样东西，一个人不能完全取来使用。各色各样东西太繁富了，一个人太渺小了，没法完全取来使用，而且实际上没有这个必要。只能把自己需用的一部分取出来，其余的任他藏在仓库里。

同样的情形，一个人不能尽读所有的书。只能把自己需用的一部分读了，其余的不去过问。

仓库里藏着的东西不一定完全是好的，也有霉的、烂的、不合用的。你如果随便取一部分，说不定恰正取了霉的、烂的、不合用的，那就于你毫无益处。所以跑进仓库就得注意拣选，非取那最合用的东西不可。

同样的情形，一个人不能随便读书。古人说"开卷有益"，好像不问什么书，你能读它总有好处，这个话应当修正。不错，书中包容的是人类的经验，但是，那经验如果是错误的、过时的，你也接受它吗？接受了错误的经验，你就上了它的当。接受了过时的经验，你就不能应付当前的生活。所以书非拣选不可。拣选那正确的、当前合用的书来读，那才"开卷有益"。

所谓经验，不仅是知识方面的事情，大部分关联到实际生活，要在生活中实做的。譬如说，一本卫生书是许多人对于卫生的经验，你读了这本书，明白了，只能说你有了卫生的知识。必须你饮食起居都照着做，身体经常保持健康，那时候你才真的有了卫生的经验。

看了上面说的例子，可以知道读书顶要紧的事情，是把书中的经验化为自身的经验。随时能够"化"，那才做到"开卷有益"的极致。

刊《开明少年》12 期（1946 年 6 月 16 日），署名翰先。

读些什么书

本志这一期出版的时候，读者诸君已经放了寒假了。平时在学校里，因为课程多，各科的练习忙，很少有阅读课外书籍的时间；心里虽然想阅读，可是事实上办不到，很觉得难受。寒假没有暑假那么长，但是也有几个星期，正好用来弥补这个缺憾；就是说，在寒假里应该有头有尾阅读几本书。

阅读什么书呢？读者诸君或许要这样问。我们以为举出一些具体的书来回答，是不很妥当的。第一，这中间或许会掺杂着我们的偏见；第二，不一定适合读者诸君的口味；第三，举出的书，读者诸君未必就弄得到手。因此我们只能提出几个项目，给读者诸君作为选书的参考。

关于各科的参考书是可以选读的。在学校里只读教科书；教科书是各科知识的大纲，详细的项目和精深的阐发，都没有包容进去。例如本国史教科书，对于一代的政治、文化、人情、风俗，至多用几百个字来叙述就完事了；少的时候，只用一句两句话就带过了。单凭那几百个字或一句两句话，固然也可以算知道了历史；但是知道的只是些笼统的概念，或者知其然而不知其所以然，实在不能算知道了历史；如果选一些专讲某代的政治、文化、人情、风俗的参考书来读，由于已经知道了大纲，绝不至于摸不着头脑，而阅读的结果就是明白得详细而且透彻。

关于当前种种问题的书是可以选读的。教科书中大多说些原理原则的话，对于随时遇到的具体问题，或者附带提到，或者简直不说。例如日本是我国的大敌，我国与它作战已经四年半，最近它又发动太平洋大战，与一切民主国家为敌；它的凭借究竟怎样，它那狂妄的欲念怎样才可以扑灭，这些都是我国人亟待解答的具体问题；但是本国史、外国史和外国地理的教科书中，对于这些仅有简略的叙述，没有综合的解答。如果选一些专谈日本问题的书来读，就可以得到许多精确的认识，从精确的认识发而为种种行动，自然会有切实的力量。日本问题只是例子罢了，此外如建国问题、大战后世界秩序问题等，现代青年都得郑重注意。必须注意当前的问题，青年才能够认识时代；认识了时代，自身才能够参加进去，担负推动时代的任务。

关于修养的书是可以选读的。所谓修养，其目的无非要明了自己与人群的关系，要应用合理的态度和行为来处理一切。修养的发端在于"知"；如果不"知"，种种关系就不会明了，怎样才是合理也无从懂得。修养的完成在于"行"；如果"知"而不"行"，所知就毫无价值。

读关于修养的书，假定是《论语》，好比与修养很有功夫的孔子面对面，听他谈一些修养方面的话，在"知"的扩展上是很有益处的。"知"了，又能化而为"行"，那就一辈子受用不尽了。

关于文学的书是可以选读的。文学的对象是人生。文学的特点是把意念形象化，不用抽象的表达。所以读文学可以认识人生，感知人生。善于读文学的人，他所见的人生一定比不读文学的人来得深广。这当然指上品的文学而言。同样是诗，有优劣的分别；同样是小说，也大有好坏。我们没有这么多的精力和时间来读一切坏的、劣等的作品（就是有这么多的精力和时间也无须读那些），自应专选上品的来读。还有，不要以为自己准备学工学农，就无须理会文学。要知道学工学农也是人生；无论是谁，能够接触以人生为对象的文学，是一种最为丰美、最有价值的享受。

就以上提出的几个项目来选择，至少可以选到三四本书，尽够寒假中阅读了。如果能够认真阅读的话，除了吸收书中的内容而外，阅读和写作的能力也自然会长进。常常有人这样问：要使国文程度长进，该读些什么书？我们的回答是：认真读前面提到的几类书，就可以了；专为要人家长进国文程度而写作的书是没有的。

1942 年 1 月作。

略谈学生读书

《北京日报》的编辑同志嘱我作文，谈谈读书。这个题目挺宽，我思力滞钝，视力极差，只能就此刻想到的写一些，以应雅命。

先说各级在校学生读各科的课本。各级学生入学，目的是去受教育，读课本是受教育的一种手段。受教育还有其他手段。看动植矿物标本，做理化实验，参观动物园、植物园、博物馆、科技馆等，还有工艺实习，植物栽培，动物饲养，出外旅行等活动，就是读课本以外的其他手段，也可以说是读不用文字编写的课本。

读课本切忌只听老师讲而自己少动脑筋，只顾死记硬背。自己动脑筋，多想想课本里说的现象、方法和道理为什么是这样，为什么不是那样，想透了，其乐无穷，课本里讲的东西就是你自己的了，而且能够举一反三。要是只顾死记硬背，就会觉得读课本是一件大苦事。好比欠了一笔债，非偿还不可，即使考试时得了一百分，实际上可能五十分也不值。

学生读不用文字编写的课本也要注重动脑筋，多想想。多想想不会伤害神经，却能随时得到实益。

现在说学生读课外书。有些学校不要学生读课外书，以为学生学好课本还来不及，哪有工夫读什么课外书。我是赞成让学生读课外书的，我想向那些不要学生读课外书的学校请愿，能不能在改革教学方法的前提下，使学生容易而且善于学好课本？如果办得到，学生就有余暇读课外书了。课外书那么多，学生自己能挑选适于自己的程度和爱好的书来读果然好；老师能给他们帮助，因人而施，分别帮助他们挑选那就更好。我想认真负责的老师一定会乐此不疲的。

学生读课外书要注意养成好习惯。先看序文或作者、编者的前言，知道全书的梗概，是好习惯。把全书估计一下，预定分若干日看完，而且果真能按期看完，是好习惯。有不了解处，不怕查工具书，不怕请教老师或朋友，是好习惯。自觉有所得，随手写简要的笔记，是好习惯。其次说不好的习惯。半途而废，以及眼睛在书上，脑子开小差，都非常不好。

1953 年 7 月 15 日作，
刊 8 月 5 日《北京日报》，署名叶圣陶。

阅读是写作的基础

在中小学语文教学中，基础知识和基本训练都重要，我看更要着重训练。

什么叫训练呢？就是要使学生学的东西变成他们自己的东西。譬如学一个字，要他们认得，不忘记，用得适当，就要训练。语文方面许多项目都要经过不断练习，锲而不舍，养成习惯，才能变成他们自己的东西。现在语文教学虽说注意练习，其实练的不太多，这就影响学生掌握基础知识。老师对学生要求要严格。严格不是指老师整天逼着学生练这个、练那个，使学生气都透不过来，而是说凡是要学生练习的，不要练过一下就算，总要经常引导督促，直到学的东西变成他们自己的东西才罢手。

有些人把阅读和写作看作不甚相干的两回事，而且特别着重写作，总是说学生的写作能力不行，好像语文程度就只看写作程度似的。

阅读的基本训练不行，写作能力是不会提高的。常常有人要求出版社出版"怎样作文"之类的书，好像有了这类书，依据这类书指导作文，写作教学就好办了。实际上写作基于阅读。老师教得好，学生读得好，才写得好。这样，老师临时指导和批改作文既可以少辛苦些，学生又可以多得到些实益。

阅读课要讲得透。叫讲得透，无非是把词句讲清楚，把全篇讲清楚，作者的思路是怎样发展的，感情是怎样表达的，诸如此类。有的老师热情有余，可是本钱不够，办法不多，对课文不能透彻理解，总希望求助于人，或是请一位高明的老师给讲讲，或是靠集体备课。这不是从根本上解决问题的办法。功夫还在自己。只靠从别人那里拿来，自己不下功夫或者少下功夫，是不行的。譬如文与道的问题。人家说文与道该是统一的，你也相信文与道该是统一的，但是讲课文，该怎样讲才能体现文道统一，还得自辟蹊径。如果词句不甚了解，课文内容不大清楚，那就谈不到什么文和道了。原则可以共同研究商量，怎样适当地应用原则还是靠自己。根本之点还是透彻理解课文。所以靠拿来不行，要自己下功夫钻研。

我去年到外地，曾经在一些学校听语文课。有些老师话说得很多，把四十五分钟独占了。其实许多话是大可不讲的。譬如课文涉及农村人民公社，就把课文放在一旁，大讲农村人民公社的优越性。这个办法比较容易，也见得热情，但是不能说完成了语文课的任务。

在课堂里教语文，最终目的在达到"不需要教"，使学生养成这样一种能力，不待老师教，自己能阅读。学生将来经常要阅读，老师能经常跟在他们背后吗？因此，一边教，一边要逐渐为"不需要教"打基础。打基础的办法，也就是不要让学生只是被动地听讲，而要想方设法引导他们在听讲的时候自觉地动脑筋。老师独占四十五分钟固然不适应这个要求，讲说和发问的时候启发性不多，也不容易使学生自觉地动脑筋。怎样启发学生，使他们自觉地动脑筋，是老师备课极重要的项目。这个项目做到了，老师才真起了主导作用。

听见有些老师和家长说，现在学生了不起，一部《创业史》两天就看完了，颇有点儿沾沾自喜。我想且慢鼓励，最要紧的是查一查读得怎样，如果只是眼睛在书页上跑过，只知道故事的极简略的梗概，那不能不认为只是马马虎虎地读。马马虎虎地读是不值得鼓励的。一部《创业史》没读好，问题不算大，养成了马马虎虎的读书习惯，可要吃一辈子的亏。阅读必须认真，先求认真，次求迅速，这是极重要的基本训练。要在阅读课中训练好。

阅读习惯不良，一定会影响到表达，就是说，写作能力不容易提高。因此，必须好好教阅读课。譬如讲文章须有中心思想。学生听了，知道文章须有中心思想，但是他说："我作文就是抓不住中心思想。"如果教好阅读课，引导学生逐课逐课地体会，作者怎样用心思、怎样有条有理地表达出中心思想，他们就仿佛跟作者一块儿想过考虑过，到他们自己作文的时候，所谓熟门熟路，也比较容易抓住中心思想了。

总而言之，阅读是写作的基础。

作文出题是个问题。最近有一个学校拿来两篇作文让我看看，是初中三年级学生写的，题目是《伟大鲁迅的革命精神》。两篇里病句很多，问我该怎样教学生避免这些病句。我看，病句这么多，毛病主要出在题目上。初中学生读了鲁迅的几篇文章，就要他们写鲁迅的革命精神。他们写不出什么却要勉强写，病句就不一而足了。

有些老师说《难忘的一件事》《我的母亲》之类的题目都出过了，要找几个新鲜题目，搜索枯肠，难乎其难。我想，现在老师都是和学生经常在一起的，对学生了解得多，出题目该不会很困难。

有些老师喜欢大家挂在口头的那些好听的话，学生作文写上那些话，就给圈上红圈。学生摸准老师喜欢这一套，就几次三番地来这一套，常常得五分。

分数是多了，可是实际上写作能力并没提高多少。特别严重的是习惯于这一套，往深处想和写出自己真情实意的途径就给挡住了。

老师改作文是够辛苦的。几十本，一本一本改，可是劳而少功。是不是可以改变方法呢？我看值得研究。要求本本精批细改，事实上是做不到的。与其事后辛劳，不如事前多作准备。平时不放松口头表达的训练，多注意指导阅读，钻到学生心里出题目，出了题目作一些必要的启发，诸如此类，都是事前准备。作了这些准备，改作文大概不会太费事了，而学生得到的实益可能多些。

1962 年 1 月 22 日作，

刊 4 月 10 日《文汇报》，署名叶圣陶。

给与学生阅读的自由

我们知道现在中等学校里，对于学生课外阅读书报，颇有加以取缔的。取缔的情形并不一律。有的是凡用语体文写作的书报都不准看。说用到语体文，这批作者就不大稳当。却没有想到给学生去死啃的教科书大多数是用语体文写作的。有的是开列一个目录，让学生在其中自由选择。说目录以外的书报都要不得，谁不相信，偏要弄几种来看，只有一个断然处置的办法——没收！有的更温和一点，并不说不许看什么，却随时向学生劝告，最好不要看什么。一位教师在自修室外面走过，瞥见一个学生手里正拿着一本所谓最好不要看的东西，他就上了心事，跑去悄悄地告诉另一位教师说："某某在看那种东西了呢！"那诧怪和怜悯的神情，仿佛发见了一个人在偷偷地抽鸦片。于是几位教师把这事记在心上，写上怀中手册，直到劝告成功，那学生明白表示往后再不看那种东西了，他们才算在心上搬去了一块石头。——这虽然温和一点，然而也还是取缔。

这样把学生看作思想上的囚犯，实在不能够叫人感服。学生所以要找一点书报来看，无非想明白当前各方面的情形，知道各式各样的生活而已。既已生在并非天下太平的时代，谁也关不住这颗心，专门放在几本教科书几本练习簿上。当然，所有的书报不尽是对于学生有益处的。但只要学校教育有真实的功效，学生自会凭着明澈的识别力，排斥那些无益的书报。现在不从锻炼学生的识别力入手，只用专制的办法来个取缔，简便是简便了，然而要想想，这给与学生的损害多么重大！把学生的思想范围在狭小的圈子里，教他们像号子里的囚犯一样，听不见远处的风声唱着什么曲调，看不见四围的花木显着什么颜色。这样寂寞和焦躁是会逼得人发疯的。我们曾经接到好些地方学生寄来的信，诉说他们被看作思想上的囚犯的苦恼。只要一读到那种真诚热切的语句，就知道取缔办法是何等样的罪过。

教师和学生，无论如何不应该对立起来。教师不是专制政治下的爪牙，学生不是被压迫的民众。教师和学生是朋友，在经验和知识上，彼此虽有深浅广狭的差别，在精神上却是亲密体贴的朋友。学生要扩大一点认识的范围，做他们亲密体贴的朋友的教师竭力帮助他们还嫌来不及，怎忍把他们的欲望根本压了下去！我们特地在此提出来说，希望做了这种错误举动的教师反省一下，给与学生阅读的自由。

刊《中学生》杂志 72 号（1937 年 2 月 1 日），署名编者。

给少年儿童多介绍课外读物

学校、团、队和图书馆、阅览室各方面，常给少年儿童介绍些课外读物，同时用不同的方式对少年儿童进行阅读指导。读过之后还开个会，让少年儿童谈谈阅读的心得，交流阅读的经验。这种情形越来越普遍，真是少年儿童莫大的幸福。从前的少年儿童哪曾受到这样的关怀？唯有在今天，少年儿童的道德品质和文化知识各方面受到充分的培育，为往后的发展开辟了无限的前途。

介绍给少年儿童的课外读物，绝大部分是革命故事，各方面模范人物的故事，富于现实意义的文艺作品。少年儿童非常喜爱这一类读物。他们整个儿心灵钻进读物里去，仿佛生活在那些场景之中，跟那些英雄人物结成亲密的友谊，有时候仿佛跟英雄人物合而为一，英雄人物的行动、思想、欢乐、哀愁，好像就是自己的行动、思想、欢乐、哀愁。这样的潜移默化，影响最深远，好处说不尽。因此，少年儿童社会主义觉悟的提高，共产主义道德品质的培养，阅读这一类读物肯定是重要途径之一。

由于著作界和出版界的努力，今后这一类读物出版将更多。介绍工作似乎注意两点：一是及时，二是精选。随时留心新的出版物，发见值得号召少年儿童阅读的，立刻推荐，使他们先睹为快，这是及时。数量既然多了，选择不妨从严，相互比较之后，推荐一些更好的，淘汰一些次好的，这是精选。此外，阅读指导似乎该精益求精。这一类读物对少年儿童的好处既然在潜移默化，就得让他们在认真阅读之中自己有所领会，而不宜把他们能够领会的先给指出来。自己领会出于主动，印象深，经人家先给指出来然后去领会，未免被动，印象可能浅些。假如上述的想法可以得到承认，那么阅读指导就该从某一读物的具体情况出发，给少年儿童种种的启发，或者给指出些着眼的关键，或者给提出些思考的问题，使他们自由阅读而不离乎正轨，自己能得到深切的领会。打个比方，阅读指导犹如给走路的人指点某一条路怎么走，而不是代替他走，走路的人依照指点走去，非但不走冤枉路，而且见得广，懂得多，心旷神怡，连声说"不虚此行"，同时衷心感激给他指点的人。总之，阅读指导是思想工作又是技术工作，越深入，越细致，受指导的方面得益越大，前面说要精益求精，就是为此。

给少年儿童介绍课外读物，范围还要扩大些，过去的情形嫌不够广。

要介绍一些地理方面（包括天文方面）的读物，如旅行记、探险记、星空巡礼记之类。要介绍一些历史方面的读物，如历史故事、创造发明故事、历代名人传略之类。要介绍一些有关生物的读物，小至一种昆虫，大至成片森林，凡可以引起观察研究的兴趣的都好。要介绍一些有关物理、化学的读物，电灯为什么发光，钢铁为什么生锈，诸如此类，凡可以养成查根究底的习惯的都好。要介绍一些有关工业、农业的读物，工厂里怎么样操作，田地里怎么样耕种，怎么样改进应用的工具，怎么样提高产品的质量，诸如此类，凡可以加强动手的欲望，巩固劳动的习惯的都好。

以上说的各类读物，就知识的门类而言，不超出小学高年级和初级中学设置的课程。课堂里教的是最基本、最主要的东西，各种课本是这些东西的扼要的记载和说明，都要求学生能够记住它、消化它。再给他们一些有关的课外读物，内容比课本丰富些，写法比课本生动些。他们阅读的时候感到触类旁通的乐趣，读过之后怀着再读同类的其他读物的强烈愿望。这样，不但课内学得的东西更加巩固，求知欲也更加旺盛了。说起求知欲，该是教育工作者必须注意的事儿。知识那么多，哪里教得尽？样样知识一定要待老师教了才懂得，也不是办法，教育虽然着重在"教"字，最终目的却在受教育者"自求得之"。因此，课堂教学除把最基本、最主要的东西教给学生外，要随时顾到促进学生的求知欲。而介绍以上说的各类课外读物，也是促进求知欲的一个方法。唯有老守在屋子里的人，经常少见少闻，才能安于少见少闻。出去跑跑，接触异方殊俗，经历名山大川，知道世界那么广大，未知远胜已知，就尽想往外跑，再不愿守在屋子里了。多给少年儿童介绍些课外读物，就好比推动他们出去跑跑，要他们从而发生无穷的兴趣，立下跑遍全世界的宏愿。再说，如想象力，如创造力，不是也要注意培养的吗？这些能力都以求知欲为根基，如果对求知很淡漠，视而不见，听而不闻，还有什么想象和创造？课外读物既能促进求知欲，也就有培养想象力和创造力的功效。就这么附带说一句，不再细说。

以上说的各类读物，目前还不太多。在不太多的数量中，也还有不很适于少年儿童的，虽然写作意图是专供少年儿童阅读。但是，如果扩大选择的范围，不管写作意图是不是专供少年儿童阅读，只要跟少年儿童的需要和接受能力大致相宜的就入选，那一定能选出一批来，各门各类或多或少都有一些。

阅读指导当然还是要。知识性的读物该怎么样进行阅读指导，跟文艺性的读物的阅读指导有什么异同，要仔细研究。如果某学校、某地区的少年儿童从来没有接触过这一类读物，开始介绍给他们的时候，似乎该作一番郑重而适当的宣传鼓动。慎之于始，经常是取得成功的好经验。

以下说另外一点意思。少年儿童要阅读知识性的读物，可是知识性的读物不太多，这种情况要从速改变。近年来特地为少年儿童写书的作家多起来了，他们应该受到热烈的感谢。希望他们在童话、小说、诗歌之外，也写一些旅行记、历史故事、创造发明故事之类的书，这些书虽说是知识性的，并不排斥文艺性，而且文艺性越强越好。希望工程师、农艺家、各方面的建设工作者和研究工作者都来为少年儿童写书，他们从辛勤劳动中得到的经验和成就，只要拿出一点一滴来，就是少年儿童智慧方面很好的润泽。有些同志往往这样说，事情倒是应该做也愿意做，可惜他们不了解少年儿童。实际未必然。谁都是从少年儿童时期成长起来的，回忆一番，就有亲切的了解。再说，谁的周围都有些少年儿童，虽说关系有深有浅，接触有久有暂，总不会对他们绝然不了解。根据了解，设身处地地为少年儿童着想，该写些什么，该怎么样写，自然都有眉目了。学校教师最了解少年儿童，更是义不容辞。固然，写书的事未必人人能做，可也没规定谁才配做。尝试去做，多考虑，多商量，锲而不舍，不能做的就变为能做了。

出版少年儿童读物的出版社要注意组织这方面的稿子，在选题计划中，知识性的读物要占一定的分量。教育的方针政策，学校和少年儿童的实际情况，都要很好地掌握，选题计划才能真正切合需要。对于适于写稿的作者，最要紧的是想办法鼓起他们的积极性，使他们深切感到非为少年儿童写些东西不可。书该怎么样写，取材怎么样，体例怎么样，笔调怎么样，当然是作者的事，但是出版社也要好好研究，把研究所得提供给作者参考。稿子写成了，请教育工作者看看，请少年儿童看看，听听他们的意见。斟酌他们的意见，再行加工，直到无可加工了，然后出版。所以要这样做，无非为广大的少年儿童着想，希望他们得到最大的利益。

报刊方面做评介工作，也要注意这一类知识性的读物。过去的情形是文艺性的读物注意得多，知识性的读物注意得少。一篇简要精当的评介文章登出去，好的读物就像长了翅膀，飞到广大读者心灵的窗户前，等候开窗欢迎。报刊有义务使好的读物长翅膀。

给少年儿童更多的课外读物，说得严重点儿，这是对世界的明天负责任的大事。为庆祝今年的国际儿童节，特地写这篇短文，向有关各方面请教。

1959 年 5 月 22 日作，原题《给少年儿童更多的课外读物》，

刊 6 月 1 日《光明日报》，署名叶圣陶。

精读的指导——《精读指导举隅》前言

在指导以前，得先令学生预习。预习原很通行，但是要收到实效，方法必须切实，考查必须认真。现在请把学生应做的预习工作分项说明于下。

一、通读全文

理想的办法，国文教本要有两种本子：一种是不分段落、不加标点的，供学生预习用；一种是分段落、加标点的，待预习过后才拿出来对勘。这当然办不到。可是，不用现成教本而用油印教材的，那就可以在印发的教材上不给分段落，也不给加标点，令学生在预习时候自己用铅笔划分段落，加上标点。到上课时候，由教师或几个学生通读，全班学生静听，各自拿自己预习的成绩来对勘；如果自己有错误，就用墨笔订正。这样，一份油印本就有了两种本子的功用了。现在的书籍报刊都分段落，加标点，从著者方面说，在表达的明确上很有帮助；从读者方面说，阅读起来可以便捷不少。可是，练习精读，这样的本子反而把学者的注意力减轻了。既已分了段落，加了标点，就随便看下去，不再问为什么要这样分，这样点，这是人之常情。在这种常情里，恰恰错过了很重要的练习机会。若要不放过这个机会，唯有令学生用一种只有文字的本子去预习，在怎样分段、怎样标点上用一番心思。预习的成绩当然不免有错误，然而不足为病。除了错误以外，凡是不错误的地方都是细心咬嚼过来的，这将是终身的受用。

假如用的是现成教本，或者虽用油印教材，而觉得只印文字颇有不便之处，那就只得退一步设法，令学生在预习的时候，对于分段标点作一番考核的功夫。为什么在这里而不在那里分段呢？为什么这里该用逗号而那里该用句号呢？为什么这一句该用惊叹号而不该用疑问号呢？这些问题，必须自求解答，说得出个所以然来。还有，现成教本是编辑员的产品，油印教材大都经教师加过工，"智者千虑，必有一失"，岂能完全没有错误？所以，不妨再令学生注意，不必绝对信赖印出来的教本与教材，最要紧的是用自己的眼光通读下去，看看是不是应该这样分段，这样标点。

要考查这一项预习的成绩怎样，得在上课时候指名通读。全班学生也可以借此对勘，订正自己的错误。读法通常分为两种：一种是吟诵，一种是宣读。无论文言白话，都可以用这两种读法来读。文言的吟诵，各地有各地的调子，彼此并不一致；但是都为了传出文字的情趣，畅发读者的感兴。白话一样可以吟诵，大致与话剧演员念台词差不多，按照国语的语音，在抑扬顿挫、表情传神方面多多用功夫，使听者移情动容。现在有些小学校里吟诵白话与吟诵文言差不多，那是把"读"字呆看了。吟诵白话必须按照国语的语音，国语的语音运用得到家，才是白话的最好的吟诵。至于宣读，只是依照对于文字的理解，平正地读下去，用连贯与间歇表示出句子的组织与前句和后句的分界来。这两种读法，宣读是基本的一种；必须理解在先，然后谈得到传出情趣与畅发感兴。并且，要考查学生对于文字理解与否，听他的宣读是最方便的方法。比如《泷冈阡表》的第一句，假如宣读作："呜呼！唯我皇——考崇公卜——吉于泷冈——之六十年，其子修始——克表于其阡，非——敢缓也，盖有待也。"这就显然可以察出，读者对于"皇考""崇公""卜吉""六十年"与"卜吉于泷冈"的关系，"始"字、"克"字、"表"字及"非"字、"敢"字、"缓"字缀合在一起的作用，都没有理解。所以，上课时候指名通读，应该用宣读法。

二、认识生字生语

通读全文，在知道文章的大概；可是要能够通读下去没有错误，非先把每一个生字生语弄清楚不可。在一篇文章里，认为生字生语的，各人未必一致，只有各自挑选出来，依赖字典辞典的翻检，得到相当的认识。所谓认识，应该把它解作最广义。仅仅知道生字生语的读音与解释，还不能算充分认识；必须熟习它的用例，知道它在某一种场合才可以用，用在另一种场合就不对了，这才真个认识了。说到字典辞典，我们真惭愧，国文教学的受重视至少有二十年了，可是还没有一本适合学生使用的字典辞典出世。现在所有的，字典脱不了《康熙字典》的窠臼，辞典还是《辞源》称霸，对学习国文的学生都不很相宜。通常英文字典有所谓"求解""作文"两用的，学生学习国文，正需要这一类的国文字典辞典。一方面知道解释，另一方面更知道该怎么使用，这才使翻检者对于生字生语具有彻底的认识。没有这样的字典辞典，学生预习效率就不会很大。但是，使用不完善的工具总比不使用工具强一点；目前既没有更适用的，就只得把属于《康熙字典》系统的字典与称霸当世的《辞源》将就应用。这当儿，教师不得不多费一点心思，指导学生收集用例，或者收集了若干用例给学生，使学生自己去发见生字生语的正当用法。

学生预习，通行写笔记，而生字生语的解释往往在笔记里占大部分篇幅。这原是好事情，记录下来，印象自然深一层，并且可以备往后的考查。但是，学生也有不明白写笔记的用意的；他们因为教师要他们交笔记，所以不得不写笔记。于是，有胡乱抄了几条字典辞典的解释就此了事的；有遗漏了真该特别注意的字语而仅就寻常字语解释一下拿来充数的。前者胡乱抄录，未必就是那个字语在本文里的确切意义；后者随意挑选，把应该注意的反而放过了；这对于全文的理解都没有什么帮助。这样的笔记交到教师手里，教师辛辛苦苦地把它看过，还要提起笔来替它订正，实际上对学生没有多大益处，因为学生并没有真预习。所以，须在平时使学生养成一种观念与习惯，就是：生字生语必须依据本文，寻求那个字语的确切意义；又必须依据与本文相类和不相类的若干例子，发见那个字语的正当用法。至于生字生语的挑选，为了防止学生或许会有遗漏，不妨由教师先行尽量提示，指明这一些字语是必须弄清楚的。这样，学生预习才不至于是徒劳，写下来的笔记也不至于是循例的具文。

要考查学生对于生字生语的认识程度怎样，可以看他的笔记，也可以听他的口头回答。比如《泷冈阡表》第一句里"始克表于其阡"的"克"字，如果解作"克服"或"克制"，那显然是没有照顾本文，随便从字典里取了一个解释。如果解作"能够"，那就与本文切合了，可见是用了一番心思的。但是还得进一步研求："克"既然作"能够"解，"始克表于其阡"可不可以写作"始能表于其阡"呢？对于这个问题，如果仅凭直觉回答说，"意思也一样，不过有点不顺适"，那是不够的。这须得研究"克"和"能"的同和异。在古代，"克"与"能"用法是一样的，后来渐渐分化了，"能"字被认为常用字，直到如今；"克"字成为古字，在通常表示"能够"意义的场合上就不大用它。在文句里面，丢开常用字不用，而特地用那同义的古字，除了表示相当意义以外，往往还带着郑重、庄严、虔敬等情味。"始克表于其阡"一语，用了"能"字的同义古字"克"字，见得作者对于"表于其阡"的事情看得非常郑重，不敢随便着手，这正与全文的情味相应。若作"始能表于其阡"，就没有那种情味，仅仅表明方始"能够"表于其阡而已。所以直觉地看，也辨得出它有点不顺适了。再看这一篇里，用"能"字的地方很不少，如"吾何恃而能自守邪""然知汝父之能养也""吾不能知汝之必有立""故能详也""吾儿不能苟合于世""汝能安之"。这几个"能"字，作者都不换用"克"字，因为这些语句都是传述母亲的话，无须带着郑重、庄严、虔敬等情味；并且，用那常用的"能"字，正切近于语言的自然。用这一层来反证，更可以见得"始克表于其阡"的"克"字，如前面所说，是为着它有特别作用才用了的。——像这样的讨究，学生预习时候未必人人都做得来；教师在上课时候说给他们听，也嫌烦琐一点。但是简单扼要地告诉他们，使他们心知其故，还是必需的。

学生认识生字生语，往往有模糊笼统的毛病，用句成语来说，就是"不求甚解"。曾见作文本上有"笑颜逐开"四字，这显然是没有弄清楚"笑逐颜开"究竟是什么意义，只知道在说到欢笑的地方仿佛有这么四个字可以用，结果却把"逐颜"两字写颠倒了。又曾见"万卷空巷"四字，单看这四个字，谁也猜不出是什么意义；但是连着上下文一起看，就知道原来是"万人空巷"；把"人"字忘记了，不得不找一个字来凑数，而"卷"字与"巷"字字形相近，因"巷"字想到"卷"字，就写上了"卷"字。这种错误全由于当初认识的时候太疏忽了，意义不曾辨明，语序不曾念熟，怎得不闹笑话？所以令学生预习，必须使他们不犯模糊笼统的毛病；像初见一个生人一样，一见面就得看清他的形貌，问清他的姓名职业。这样成为习惯，然后每认识一个生字生语，好像积钱似的，多积一个就多加一分财富的总量。

三、解答教师所提示的问题

一篇文章，可以从不同的观点去研究它。如作者意念发展的线索，文章的时代背景，技术方面布置与剪裁的匠心，客观上的优点与疵病，这些就是所谓不同的观点。对于每一个观点，都可以提出问题，令学生在预习的时候寻求解答。如果学生能够解答得大致不错，那就真个做到了"精读"两字了——"精读"的"读"字原不是仅指"吟诵"与"宣读"而言的。比较艰深或枝节的问题，估计起来不是学生所必须知道的，当然不必提出。但是，学生应该知道而未必能自行解答的，却不妨预先提出，让他们去动一动天君，查一查可能查到的参考书。他们经过了自己的一番摸索，或者是略有解悟，或者是不得要领，或者是全盘错误，这当儿再来听教师的指导，印入与理解的程度一定比较深切。最坏的情形是指导者与领受者彼此不相应，指导者只认领受者是一个空袋子，不问情由把一些叫作知识的东西装进去。空袋子里装东西进去，还可以容受；完全不接头的头脑里装知识进去，能不能容受却是说不定的。

这一项预习的成绩，自然也得写成笔记，以便上课讨论有所依据，往后更可以复按、查考。但是，笔记有敷衍了事的，有精心撰写的。随便从本文里摘出一句或几句话来，就算是"全文大意"与"段落大意"；不赅不备地列几个项目，挂几条线，就算是"表解"；没有说明，仅仅抄录几行文字，就算是"摘录佳句"；这就是敷衍了事的笔记。这种笔记，即使每读一篇文字都做，做上三年六年，实际上还是没有什么好处。所以说，要学生作笔记自然是好的，但是仅仅交得出一本笔记，这只是形式上的事情，要希望收到实效，还不得不督促学生凡作笔记务须精心撰写。所谓精心撰写也不须求其过高过深，只要写下来的东西真是他们自己参考与思索得来的结果，就好了。参考要有路径，思索要有方法，这不单是知识方面的事，而且是习惯方面的事。习惯的养成在教师的训练与指导。学生拿了一篇文章来预习，往往觉得茫然无从下手。教师要训练他们去参考，指导他们去思索，最好给他们一种具体的提示。比如读《泷冈阡表》，这一篇是作者叙述他的父亲，就可以教他们取相类的文章——归有光的《先妣事略》来参考，看两篇的取材与立意上有没有异同；如果有的话，为什么有。又如《泷冈阡表》里有叙述赠封三代的一段文字，好像很罗嗦，就可以教他们从全篇的立意上思索，看这一段文字是不是不可少的；如果不可少的话，为什么不可少。这样具体地给他们提示，他们就不至于茫然无从下手，多少总会得到一点成绩。时时这样具体地给他们提示，他们参考与思索的习惯渐渐养成，写下来的笔记再也不会是敷衍了事的了。即使所得的解答完全错误，但是在这以后得到教师或同学的纠正，一定更容易心领神会了。

上课时候令学生讨论，由教师作主席、评判人与订正人，这是很通行的办法。但是讨论要进行得有意义，第一要学生在预习的时候准备得充分，如果准备不充分，往往会与虚应故事的集会一样，或是等了好久没有一个人开口，或是有人开口了只说一些不关痛痒的话。教师在无可奈何的情形之下，只得不再要学生发表什么，只得自己一个人滔滔汩汩地讲下去。这就完全不合讨论的宗旨了。第二还得在平时养成学生讨论问题、发表意见的习惯。听取人家的话，评判人家的话，用不多不少的话表白自己的意见，用平心静气的态度比勘自己的与人家的意见，这些都要历练的。如果没有历练，虽然胸中仿佛有一点儿准备，临到讨论是不一定敢于发表的。这种习惯的养成不仅是国文教师的事情，所有教师都得负责。不然，学生成为只能听讲的被动人物，任何功课的进步至少要减少一半。——学生事前既有充分的准备，平时又有讨论的习惯，临到讨论才会人人发表意见，不至于老是某几个人开口；所发表的意见又都切合着问题，不至于胡扯乱说，全不着拍。这样的讨论，在实际的国文教室里似乎还不易见到；然而要做到名副其实的讨论，却非这样不可。

讨论进行的当儿，有错误给与纠正，有疏漏给与补充，有疑难给与阐明，虽说全班学生都有份儿，但是最后的责任还在教师方面。教师自当抱着客观的态度，就国文教学应有的观点说话。现在已经规定要读白话了，如果还说白话淡而无味，没有读的必要；或者教师自己偏爱某一体文字，就说除了那一体文字都不值一读；就都未免偏于主观，违背了国文教学应有的观点了。讲起来，滔滔汩汩连续到三十五十分钟，往往不及简单扼要地讲这么五分十分钟容易使学生印入得深切。即使教材特别繁复，非滔滔汩汩连续到三十五十分钟不可，也得在发挥完毕的时候，给学生一个简明的提要。学生凭这个提要，再去回味那滔滔汩汩的讲说，就好像有了一条索子，把散开的钱都穿起来了。这种简明的提要，当然要让学生写在笔记本上；尤其重要的是写在他们心上，让他们牢牢记住。

课内指导之后，为求涵咀得深，研讨得熟，不能就此过去，还得有几项事情要做。现在请把学生应做的练习工作分项说明如下。

一、吟诵

在教室内通读，该用宣读法，前面已经说过。讨究完毕以后，学生对于文章的细微曲折之处都弄清楚了，就不妨指名吟诵。或者先由教师吟诵，再令学生仿读。自修的时候，尤其应该吟诵；只要声音低一点，不妨碍他人的自修。原来国文和英文一样，是语文学科，不该只用心与眼来学习；须在心与眼之外，加用口与耳才好。吟诵就是心、眼、口、耳并用的一种学习方法。从前人读书，多数不注重内容与理法的讨究，单在吟诵上用功夫，这自然不是好办法。现在国文教学，在内容与理法的讨究上比从前注重多了；可是学生吟诵的工夫太少，多数只是看看而已。这又是偏向了一面，丢开了一面。唯有既不忽略讨究，也不忽略吟诵，那才全而不偏。吟诵的时候，对于讨究所得的不仅理智地了解，而且亲切地体会，不知不觉之间，内容与理法化而为读者自己的东西了，这是最可贵的一种境界。学习语文学科，必须达到这种境界才会终身受用不尽。

一般的见解，往往以为文言可以吟诵，白话就没有吟诵的必要。这是不对的。只要看戏剧学校与认真演习的话剧团体，他们练习一句台词，不惜反复订正，再四念诵，就可以知道白话的吟诵也大有讲究。多数学生写的白话为什么看起来还过得去、读起来就少生气呢？原因就在他们对于白话仅用了心与眼，而没有在口与耳方面多用功夫。多数学生登台演说，为什么有时意思还不错，可是语句往往杂乱无次、语调往往不合要求呢？原因就在平时对语言既没有训练，国文课内对于白话又没有好好儿吟诵。所以这里要特别提出，白话是与文言一样需要吟诵的。白话与文言都是语文，要亲切地体会白话与文言的种种方面，都必须花一番功夫去吟诵。

吟诵的语调，有客观的规律。语调的差别，不外乎高低、强弱、缓急三类。高低是从声带的张弛而来的分别。强弱是从肺部发出空气的多少而来的分别。缓急是声音与时间的关系，在一段时间内，发音数少是缓，发音数多就是急。吟诵一篇文章，无非依据对于文章的了解与体会，错综地使用这三类语调而已。大概文句之中的特别主眼，或是前后的词彼此关联照应的，发声都得高一点。就一句来说，如意义未完的文句，命令或呼叫的文句，疑问或惊讶的文句，都得前低后高；意义完足的文句，祈求或感激的文句，都得前高后低。再说强弱。表示悲壮、快活、叱责或慷慨的文句，句的头部宜加强；表示不平、热诚或确信的文句，句的尾部宜加强；表示庄重、满足或优美的文句，句的中部宜加强。再说缓急。含有庄重、畏敬、谨慎、沉郁、悲哀、仁慈、疑惑等情味的文句，须得缓读；含有快活、确信、愤怒、惊愕、恐怖、怨恨等情味的文句，须得急读。以上这些规律，都应合着文字所表达的意义与情感，所以依照规律吟诵，最合于语言的自然。上面所说的三类声调，可以用符号来表示，如把"·"作为这个字发声须高一点的符号，把"◁"作为这一句该前低后高的符号，把"▷"作为这一句该前高后低的符号，把">"作为句的头部宜加强的符号，把"<"作为句的尾部宜加强的符号，把"<>"作为句的中部宜加强的符号，把"—"作为急读的符号，把"——"作为缓读的符号，把"〜〜"

作为不但缓读而且须摇曳生姿的符号。在文字上记上符号，练习吟诵就不至于漫无凭依。符号当然可以随意规定，多少也没有限制，但是应用符号总是对教学有帮助的。

吟诵第一求其合于规律，第二求其通体纯熟。从前书塾里读书，学生为了要早一点到教师跟前去背诵，往往把字句勉强记住。这样强记的办法是要不得的，不久连字句都忘记了，还哪里说得上体会？令学生吟诵，要使他们看作一种享受而不看作一种负担。一遍比一遍读来入调，一遍比一遍体会亲切，并不希望早一点能够背诵，而自然达到纯熟的境界。抱着这样享受的态度是吟诵最易得益的途径。

二、参读相关的文章

精读文章，每学年至多不过六七十篇。初中二年，所读仅有两百篇光景，再加上高中三年，也只有四百篇罢了。倘若死守着这几百篇文章，不用旁的文章来比勘，印证，就难免化不开来，难免知其一不知其二。所以，精读文章，只能把它认作例子与出发点；既已熟习了例子，占定了出发点，就得推广开来，阅读略读书籍，参读相关文章。这里不谈略读书籍，单说所谓相关文章。比如读了某一体文章，而某一体文章很多，手法未必一样，大同之中不能没有小异；必须多多接触，方能普遍领会某一体文章的各方面。或者手法相同，而相同之中不能没有个优劣得失；必须多多比较，方能进一步领会优劣得失的所以然。并且，课内精读文章是用细琢细磨的功夫来研讨的；而阅读的练习，不但求其理解明确，还须求其下手敏捷，老是这样细磨细琢，一篇文章研讨到三四个钟头，是不行的。参读相关文章就可以在敏捷上历练；能够花一两个钟头把一篇文章弄清楚固然好，更敏捷一点只花半个钟头一个钟头尤其好。参读的文章既与精读文章相关，怎样剖析，怎样处理，已经在课内受到了训练，求其敏捷当然是可能的。这种相关文章可以从古今"类选""类纂"一类的书本里去找。学生不能自己置备，学校的图书室不妨多多陈列，供给学生随时参读。

请再说另一种意义的相关文章。夏丏尊先生在一篇说给中学生听的题目叫作《阅读什么》的演讲辞里，有以下的话：

> 诸君在国文教科书里读到了一篇陶潜的《桃花源记》，……这篇文字是晋朝人做的，如果诸君觉得和别时代人所写的情味有些两样，要想知道晋代文的情形，就会去翻中国文学史；这时文学史就成了诸君的参考书。这篇文字里所写的是一种乌托邦思想，诸君平日因了师友的指教，知道英国有一位名叫马列斯的社会思想家，写过一本《理想乡消息》，和陶潜所写的性质相近，拿来比较；这时《理想乡消息》就成了诸君的参考书。这篇文字是属于记叙一类的，诸君如果想明白记叙文的格式，去翻看记叙文作法；这时记叙文作法就成了诸君的参考书。还有，这篇文字的作者叫陶潜，诸君如果想知道他的为人，去翻《晋书·陶潜传》或陶集；这时《晋书》或陶集就成了诸君的参考书。

这一段演讲里的参考书就是这里所谓另一种意义的相关文章。像这样把精读文章作为出发点，向四面八方发展开来，那么，精读了一篇文章，就可以带读许多书，知解与领会的范围将扩张到多么大啊！学问家的广博与精深差不多都从这个途径得来。中学生虽不一定要成学问家，但是这个有利的途径是该让他们去走的。

其次，关于语调与语文法的揣摩，都是愈熟愈好。精读文章既已到了纯熟的地步，再取语调与语文法相类似的文章来阅读，纯熟的程度自然更进一步。小孩子学说话，能够渐渐纯熟而没有错误，不单是从父母方面学来的；他从所有接触的人方面去学习，才会成功。在精读文章以外，再令读一些相类似的文章，比之于小孩子学说话，就是要他们从所有接触的人方面去学习。

三、应对教师的考问

学生应对考问是很通常的事情。但是对于应对考问的态度未必一致。有尽其所知所能，认真应对的；有不负责任，敷衍应对的；有提心吊胆，战战兢兢地只着眼于分数的多少的。以上几种态度，自然第一种最可取。把所知所能尽量拿出来，教师就有了确实的凭据，知道哪一方面已经可以了，哪一方面还得督促。考问之后，教师按成绩记下分数；分数原是备稽考的，分数多不是奖励，分数少也不是惩罚，分数少到不及格，那就是学习成绩太差，非赶紧努力不可。这一层，学生必须明白认识。否则误认努力学习只是为了分数，把切己的事情看作身外的事情，就是根本观念错误了。

教师记下了分数，当然不是指导的终结，而是加工的开始。对于不及格的学生，尤须设法给他们个别的帮助。分数少一点本来没有什么要紧；但是分数少正表明学习成绩差，这是热诚的教师所放心不下的。

考查的方法很多，如背诵、默写、简缩、扩大、摘举大意、分段述要、说明作法、述说印象，也举不尽许多。这里不想逐项细说，只说一个消极的原则，就是：不足以看出学生学习成绩的考问方法最好不要用。比如教了《泷冈阡表》之后，考问学生说："欧阳修的父亲做过什么官？"这就是个不很有意义的考问。文章里明明写着"为道州判官，泗、绵二州推官，又为泰州判官"，学生精读了一阵，连这一点也不记得，还说得上精读吗？学生回答得出这样的问题，也无从看出他的学习成绩好到怎样。所以说它不很有意义。

考问往往在精读一篇文章完毕或者月考期考的时候举行；除此之外，通常不再顾及，一篇文章讨究完毕就交代过去了。这似乎不很妥当。从前书塾里读书，既要知新，又要温故，在学习的过程中，匀出一段时间来温理以前读过的，这是个很好的办法。现在教学国文，应该采取它。在精读几篇文章之后，且不要上新的；把以前读过的温理一下，回味那已有的了解与体会，更寻求那新生的了解与体会，效益决不会比上一篇新的来得少。这一点很值得注意。所以附带在这里说一说。

《精读指导举隅》由作者与朱自清分篇合作。

此《前言》由作者执笔，1940 年 9 月 17 日作。

略读的指导——《略读指导举隅》前言

国文教学的目标，在养成阅读书籍的习惯，培植欣赏文学的能力，训练写作文字的技能。这些事不能凭空着手，都得有所凭借。凭借什么？就是课本或选文。有了课本或选文，然后养成、培植、训练的工作得以着手。课本里所收的，选文中入选的，都是单篇短什，没有长篇巨著。这并不是说学生读了一些单篇短什就足够了。只因单篇短什分量不多，要做细磨细琢的研读功夫，正宜从此入手，一篇读毕，又读一篇，涉及的方面既不嫌偏颇，阅读的兴趣也不致单调；所以取作"精读"的教材。学生从精读方面得到种种经验，应用这些经验，自己去读长篇巨著以及其他的单篇短什，不再需要教师的详细指导，这就是"略读"。就教学而言，精读是主体，略读只是补充；但是就效果而言，精读是准备，略读才是应用。学生在校的时候，为了需要与兴趣，须在课本或选文以外阅读旁的书籍文章；他日出校之后，为了需要与兴趣，一辈子须阅读各种书籍文章；这种阅读都是所谓应用。使学生在这方面打定根基，养成习惯，全在国文课的略读。如果只注意于精读，而忽略了略读，功夫便只做得一半，其弊害是想象得到的。学生遇到需要阅读的书籍文章，也许会因没有教师在旁作精读那样的详细指导，而致无所措手。现在一般学校，忽略了略读的似乎不少，这是必须改正的。

略读不再需要教师的详细指导，并不等于说不需要教师的指导。各种学科的教学都一样，无非教师帮着学生学习的一串过程。略读是国文课程标准里面规定的正项工作，哪有不需要教师指导之理？不过略读指导与精读指导不同。精读指导必须纤屑不遗，发挥净尽；略读指导却须提纲挈领，期其自得。何以须提纲挈领？唯恐学生对于当前的书籍文章摸不到门径，辨不清路向，马马虎虎读下去，结果所得很少。何以不必纤屑不遗？因为这一套功夫在精读方面已经训练过了，照理说，该能应用于任何时候的阅读；现在让学生在略读时候应用，正是练习的好机会。学生从精读而略读，譬如孩子学走路，起初由大人扶着牵着，渐渐的大人把手放了，只在旁边遮拦着，替他规定路向，防他偶或跌交。大人在旁边遮拦着，正与扶着牵着一样的需要当心；其目的唯在孩子步履纯熟，能够自由走路。精读的时候，教师给学生纤屑不遗的指导，略读的时候，更给学生提纲挈领的指导，其目的唯在学生习惯养成，能够自由阅读。

仅仅对学生说，你们随便去找一些书籍文章来读，读得越多越好；这当然算不得略读指导。就是斟酌周详，开列个适当的书目篇目，教学生自己照着去阅读，也还算不得略读指导。因为开列目录只是阅读以前的事；在阅读一事的本身，教师没有给一点帮助，就等于没有指导。略读如果只任学生自己去着手，而不给他们一点指导，很容易使学生在观念上发生误会，以为略读只是"粗略地"阅读，甚而至于是"忽略地"阅读；而在实际上，他们也就"粗略地"甚而至于"忽略地"阅读，就此了事。这是非常要不得的，积久养成不良习惯，就终身不能从阅读方面得到多大的实益。略读的"略"字，一半系就教师的指导而言：还是要指导，但是只须提纲挈领，不必纤屑不遗，所以叫作"略"。一半系就学生的功夫而言：还是要像精读那样仔细咬嚼，但是精读时候出于努力钻研，从困勉达到解悟，略读时候却已熟能生巧，不须多用心力，自会随机肆应，所以叫作"略"。无论教师与学生都须认清楚这个意思，在实践方面又须各如其分，做得到家，略读一事才会收到它预期的效果。

略读既须由教师指导，自宜与精读一样，全班学生用同一的教材。假如一班学生同时略读几种书籍，教师就不便在课内指导；指导了略读某种书籍的一部分学生，必致抛荒了略读别种书籍的另一部分学生；各部分轮流指导固也可以，但是每周略读指导的时间至多也只能有两小时，各部分轮流下来，必致每部分都非常简略。况且同学间的共同讨论是很有帮助于阅读能力的长进的，也必须阅读同一的书籍才便于共同讨论。一个学期中间，为求精详周到起见，略读书籍的数量不宜太多，大约有二三种也就可以了。好在略读与精读一样，选定一些教材来读，无非"举一隅"的性质，都希望学生从此学得方法，养成习惯，自己去"以三隅反";故数量虽少,并不妨事。学生如果在略读教材之外,更就兴趣选读旁的书籍,那自然是值得奖励的;并且希望能够普遍地这么做。或许有人要说,略读同一的教材,似乎不能顾到全班学生的能力与兴趣。其实这不成问题。精读可以用同一的教材,为什么略读就不能?班级制度的一切办法,总之以中材为标准;凡是忠于职务、深知学生的教师,必能选取适合于中材的教材,供学生略读;这就没有能力够不够的问题。同时,所取教材必能不但适应学生的一般兴趣,并且切合教育的中心意义;这就没有兴趣合不合的问题。所以,略读同一的教材是无弊的,只要教师能够忠于职务,能够深知学生。

课内略读指导,包括阅读以前对于选定教材的阅读方法的提示,及阅读以后对于阅读结果的报告与讨论。作报告与讨论的虽是学生,但是审核他们的报告,主持他们的讨论,仍是教师的事;其间自不免有需要订正与补充的地方,所以还是指导。略读教材若是整部的书,每一堂略读课内令学生报告并讨论阅读那部书某一部分的实际经验;待全书读毕,然后令作关于全书的总报告与总讨论。至于实际阅读,当然在课外。学生课外时间有限,能够用来自修的,每天至多不过四小时。在这四小时内,除了温理旁的功课,作旁的功课的练习与笔记外,分配到国文课的自修的,至多也不过一小时。一小时够少了,而精读方面也得自修、预习、复习、诵读、练习,这些都是非做不可的;故每天的略读时间至多只能有半小时。每天半小时,一周便是三小时(除去星期放假)。每学期上课时间以二十周计,略读时间仅有六十小时。在这六十小时内,如前面所说的,要阅读二三种书籍,篇幅太多的自不相宜；如果选定的书正是篇幅太多的，那只得删去若干，选读它的一部分。不然，分量太多，时间不够，学生阅读势必粗略，甚而至于忽略；或者有始无终，没有读到完篇就丢开；这就会养成不良习惯，为终身之累。所以漫无计算是要不得的。与其贪多务广，以致发生流弊，不如预作精密估计，务使在短少时间之内把指定的教材读完，而且把应做的工作都做到家，绝不草率从事，借此养成阅读的优良习惯，来得有益多。学生有个很长的暑假，又有个相当长的寒假；在这两个假期内，可以自由阅读很多的书。如果略读时候养成了优良习惯，到暑假寒假期间，各就自己的需要与兴趣去多多阅读，那一定比不经略读的训练多得吸收的实效。归结起来说，就是：略读的分量不宜过多，必须顾到学生能用上的时间；多多阅读固宜奖励，但是得为时间所许可，故以利用暑假寒假最为适当。

书籍的性质不一，因而略读指导的方法也不能一概而论。就一般说，在阅读以前应该指导的有以下各项。

一、版本指导

一种书往往有许多版本。从前是木刻，现在是排印。在初刻初排的时候或许就有了错误，随后几经重刻重排，又不免辗转发生错误；也有逐渐的增补或订正。读者读一本书，总希望得到最合于原稿的，或最为作者自己惬意的本子；因为唯有读这样的本子才可以完全窥见作者的思想感情，没有一点含糊。学生所见不广，刚与一种书接触，当然不会知道哪种本子较好；这须待教师给他们指导。现在求书不易，有书可读便是幸事，更谈不到取得较好的本子。正唯如此，这种指导更不可少；哪种本子校勘最精审，哪种本子是作者的最后修订稿，都得给他们说明，使他们遇到那些本子的时候，可以取来复按，对比。还有，这些书经各家的批评或注释，每一家的批评或注释自成一种本子，这中间也就有了优劣得失的分别。其需要指导，理由与前说相同。总之，这方面的指导，宜运用校勘家、目录家的知识，而以国文教学的观点来范围它。学生受了这样的熏陶，将来读书不但知道求好书，并且能够抉择好本子，那是受用无穷的。

二、序目指导

读书先看序文，是一种好习惯。学生拿到一部书，往往立刻看本文，或者挑中间有趣味的部分来看，对于序文，认为与本文没有关系似的；这是因为不知道序文很关重要的缘故。序文的性质常常是全书的提要或批评，先看一遍，至少对于全书有个概括的印象或衡量的标准；然后阅读全书，就不至于茫无头绪。通常读书，其提要或批评不在本书而在旁的地方的，尚且要找来先看；对于具有提要或批评的性质的本书序文，怎能忽略过去？所以在略读的时候，必须教学生先看序文，养成他们的习惯。序文的重要程度，各书并不一致。属于作者的序文，若是说明本书的作意、取材、组织等项的，那无异于"编辑大意""编辑例言"，借此可以知道本书的规模，自属非常重要。有些作者在本文之前作一篇较长的序文，其内容并不是本文的提要，却是阅读本文的准备知识，犹如津梁或门径，必须通过这一关才可以涉及本文；那就是"导言"的性质，重要程度也高。属于编订者或作者师友所作的序文，若是说明编订的方法，抉出全书的要旨，评论全书的得失的，都与了解全书直接有关，重要也不在上面所说的作者自序之下。无论作者自作或他人所作的序文，有些仅仅叙一点因缘，说一点感想，与全书内容关涉很少；那种序文的本身也许是一篇好文字，对于读者就比较不重要了。至于他人所作的序文，有专事赞扬而过了分寸的，有很想发挥而不得要领的；那种序文实际上很不少，诗文集中尤其多，简直可以不必看。教师指导，要教学生先看序文，更要审查序文的重要程度，予以相当的提示，使他们知道注意之点与需要注意力的多少。若是无关紧要的序文，自然不叫他们看，以免浪费时力。

目录表示本书的眉目，也具有提要的性质。所以也须养成学生先看目录的习惯。有些书籍，固然须顺次读下去，不读第一卷就无从着手第二卷。有一些书籍却不然，全书分作许多部分，各部分自为起讫，其前后排列或仅大概以类相从，或仅依据撰作的年月，或竟完全出于编排时候的偶然；对于那样的书籍，就不必顺次读下去；可以打乱全书的次第，把有关某一方面的各卷各篇聚在一起读。读过以后，再把有关其他方面的各卷各篇聚在一起读，或许更比顺次读下去方便且有效得多。要把有关的各卷各篇聚在一起，就更有先看目录的必要。又如选定教材若是长篇小说，假定是《水浒》，因为分量太多，时间不够，不能通体略读，只好选读它的一部分，如写林冲或武松的几回。要知道哪几回是写林冲或武松的，也得先看目录。又如选定教材的篇目若是非常简略，而其书又适宜于不按照次第来读的，假定是《孟子》，那就在篇目之外，最好先看赵岐的"章指"。"章指"并不编列在目录的地位；用心的读者不妨抄录二百几十章的"章指"，当它是个详细的目录提要。有了这样详细的目录提要，因阅读的目标不同，就可以把二百几十章作种种的组合，为某一目标取某一组合来精心钻研。目录的作用当然还有，可以类推，不再详说。教师指导的时候，务须相机提示，使学生能够充分利用目录。

三、参考书籍指导

参考书籍，包括关于文字的音义、典故成语的来历等所谓工具书，以及与所读书有关的必须借彼而后明此的那些书籍。从小的方面说，阅读一书而求其彻底了解；从大的方面说，做一种专门研究，要从古今人许多经验中得到一种新的发现，一种系统的知识，都必须广博地翻检参考书籍。一般学生读书，往往连字典词典也懒得翻，更不用说跑进图书室去查阅有关书籍了。这种"读书不求甚解"的态度，一时未尝不可马虎过去；但是这就成了终身的病根，将不能从阅读方面得到多大益处；若做专门研究工作，更难有满意的成就。所以，利用参考书籍的习惯，必须在学习国文的时候养成。精读方面要多多参考，略读方面还是要多多参考。起初，学生必嫌麻烦，这要翻检，那要搜寻，不如直捷读下去来得爽快；但是渐渐成了习惯，就觉得必须这样多多参考，才可以透彻地了解所读的书，其味道的深长远胜于"不求甚解"；那时候，让他们"不求甚解"也不愿意了。

国文课内指导参考书籍，当然不能如专家做研究工作一样，搜罗务求广博，凡有一语一条用得到的材料都舍不得放弃，开列个很长的书目。第一，须顾到学生的能力。参考书籍用来帮助理解本书，若比本书艰深，非学生能力所能利用，虽属重要，也只得放弃。譬如阅读某一书，须做关于史事的参考，与其教学生查"二十四史"，不如教他们翻一部近人所编的通史；再退一步，不如教他们看他们所读的历史课本。因为通史与历史课本的编辑方法适合于他们的理解能力；而"二十四史"本身还只是一堆材料，要在短时间从中得到关于一件史事的概要，事实上不可能。曾见一些热心的教师给学生开参考书目，把自己所知道的，巨细不遗，逐一开列，结果是洋洋大观，学生见了唯有望洋兴叹；有些学生果真去按目参考，又大半不能理解，有参考之名，无参考之实。这就是以教师自己为本位，忽略了学生能力的弊病。第二，须顾到图书室的设备。教师提示的书籍，学生从图书室立刻可以检到，既不耽误工夫，且易引起兴趣。如果那参考书的确必要，又为学生的能力所能利用，而图书室没有，学生只能以记忆书名了事；那就在阅读上短少了一分努力，在训练上错过了一个机会。因此。消极的办法，教师提示参考书籍，应以图书室所具备的为限；积极的办法，就得促图书室有计划地采购图书——各科至少有最低限度的必要参考书籍，国文科方面当然要有它的一份。这件事很值得提倡。现在一般学校，不是因经费不足，很少买书，就是因偶然的机遇与教师的嗜好，随便买书；有计划地为供学生参考而采购的，似乎还不多见。还有个补救的办法，图书室没有那种书籍，而地方图书馆或私家藏书却有，教师不妨指引学生去借来参考。

图书室购备参考书籍，即使有复本，也不过两三本；一班学生同时要拿来参考，势必争先恐后，后拿到手的，已经浪费了许多时间。为解除这种困难，可以用分组参考的办法：假定阅读某种书籍需要参考四部书，就分学生为四组，使每组参考一部；或待相当时间之后互相交换，或不再交换，就使每组报告参考所得，以免他组自去参考。

指定了参考书籍，教师的事情并不就此完毕。如果那种书籍的编制方法是学生所不熟悉的，或者分量很多，学生不容易找到所需参考的部分的，教师都得给他们说明或指示。一方面要他们练习参考，一方面又要他们不致茫无头绪，提不起兴趣；唯有如上所说相机帮助他们，才可以做到。

四、阅读方法指导

各种书籍因性质不同，阅读方法也不能一样。但是就一般说，总得像精读时候的阅读那样，就其中的一篇或一章一节，逐句循诵，摘出不了解的处所；然后应用平时阅读的经验，试把那些不了解的处所自求解答；得到了解答，再看注释或参考书，以检验解答的对不对；如果实在无法解答，那就径看注释或参考书。不了解的处所都弄清楚了，又复读一遍，明了全篇或全章全节的大意。最后细读一遍，把应当记忆的记忆起来，把应当体会的体会出来，把应当研究的研究出来。全书的各篇或各章各节，都该照此办法。略读原是用来训练阅读的优良习惯，必须脚踏实地，毫不苟且，才有效益；决不能让学生胡乱读过一遍就算。唯有开始脚踏实地，毫不苟且，到习惯既成之后才会"过目不忘""展卷自得"。若开始就草草从事，说不定将一辈子"过目辄忘""展卷而无所得"了。还有一层，略读既是国文功课方面的工作，无论阅读何种书籍，都宜抱着研究国文的态度。平常读一本数学课本，不研究它的说明如何正确；读一本史地课本，也不研究它的叙述如何精当。数学课本与史地课本原可以在写作技术方面加以研究；因作者的造诣不同，同样是数学课本与史地课本，其正确与精当的程度实际上确也大有高下。但是在学习数学、学习史地的立场，自不必研究那些；如果研究那些，便转移到学习国文的立场，抱着研究国文的态度了。其他功课的阅读都只须顾到书籍的内容。国文功课训练阅读，独须内容形式兼顾，并且不把内容形式分开来研究，而认为不可分割的两方面；经过了国文功课方面的训练，再去阅读其他功课的书籍，眼力自也增高。认清了这一层，对于选定的略读书籍自必一律作写作技术的研究。被选的书总有若干长处；读者不仅在记得那些长处，尤其重要的在能看出为什么会有那些长处。同时不免或多或少有些短处；读者也须能随时发现，说明它的所以然，这才可以做到读书而不为书所蔽。——这一层也是就一般说的。

现在再分类来说。有些书籍，阅读它的目的在从中吸收知识，增加自身的经验；那就须运用思考与判断，认清全书的要点，不歪曲也不遗漏，才得如愿。若不能抉择书中的重要部分，认不清全书的要点，或忽略了重要部分，却把心思用在枝节上，所得结果就很少用处。要使书中的知识化为自身的经验，自必从记忆入手；记忆的对象若是阅读之后看出来的要点，因它条理清楚，印入自较容易。若不管重要与否，而把全部平均记忆，甚至以全部文句为记忆的对象，那就没有纲领可凭，徒增不少的负担，结果或且全部都不记忆。所以死用记忆决不是办法，漫不经心地读着读着，即使读到烂熟，也很难有心得；必须随时运用思考与判断，接着择要记忆，才合于阅读这一类书籍的方法。

又如小说或剧本，一般读者往往只注意它的故事；故事变化曲折，就感到兴趣，读过以后，也只记住它的故事。其实凡是好的小说和剧本，故事仅是迹象，凭着那迹象，作者发挥他的人生经验或社会批判，那些才是精魂。阅读小说或剧本而只注意它的故事，专取迹象，抛弃精魂，决非正当方法。在国文课内，要培植欣赏文学的能力，尤其不应如此。精魂就寄托在迹象之中，对于故事自不可忽略；但是故事的变化曲折所以如此而不如彼，都与作者发挥他的人生经验和社会批判有关，这一层更须注意。初学者还没有素养，一时无从着手；全仗教师给他们易晓的暗示与浅明的指导，渐渐引他们入门。穿凿附会固然要不得，粗疏忽略同样要不得。凭着故事的情节，逐一追求作者要说而没有明白说出来的意思，才会与作者的精神相通，才是阅读这一类书籍的正当方法。有些学生喜欢看低级趣味的小说之类，叫他们不要看，他们虽然答应了，一转身还是偷偷地看。这由于没有学得阅读这类书籍的方法，注意力仅仅集中在故事上的缘故。他们如果得到适当的暗示与指导，渐渐有了素养，就会觉得低级趣味的小说之类在故事之外没有东西，经不起咀嚼；不待他人禁戒，自然就不喜欢看了。——这可以说是消极方面的效益。

又如诗集，若是个人的专集，按写作年月，顺次看诗人意境的扩大或转换，风格的确立或变易，是一种读法。按题材归类，看诗人对于某一题材如何立意，如何发抒，又是一种读法。按体式归类，比较诗人对于某一类体式最能运用如意，倾吐诗心，又是一种读法，以上都是分析研究方面的事，而文学这东西，尤其是诗歌，不但要分析地研究，还得要综合地感受。所谓感受，就是读者的心与诗人的心起了共鸣，仿佛诗人说的正是读者自己的话，诗人宣泄的正是读者自己的情感似的。阅读诗歌的最大受用在此。通常说诗歌足以陶冶性情，就因为深美玄妙的诗歌能使读者与诗人同其怀抱。但是这种受用不是没有素养的人所能得到的；素养不会凭空而至，还得从分析的研究入手。研究愈精，理解愈多，才见得纸面的文字——是诗人心情动荡的表现；读它的时候，心情也起了动荡，几乎分不清那诗是诗人的还是读者自己的。所读的若是总集，也可应用类似前说的方法，发现各代诗人取材的异同，风格的演变，比较各家各派意境的浅深，抒写的技巧；探讨各种体式如何与内容相应，如何去旧而谋新：这些都是研究的事，唯有经过这样研究，才可以享受诗歌。我国历代诗歌的产量极为丰富；读诗一事，在知识分子中间差不多是普遍的嗜好。但是就一般说，因为研究不精，感受不深，往往不很了然什么是诗。无论读和写，几乎都认为凡是五字一句、七字一句而又押韵的文字便是诗；最近二十年通行了新体诗，又都认为凡是分行写的白话便是诗。连什么是诗都不能了然，哪里还谈得到享受？更哪里谈得到写作？中学生固然不必写诗，但是有享受诗的权利；要使他们真能享受诗，自非在国文课内认真指导不可。

又如古书，阅读它而要得到真切的了解，必须明了古人所处的环境与所怀的抱负。陈寅恪先生作审查一本中国哲学史的报告，中间说："古人著书立说，皆有所为而发；故其所处之环境，所受之背景，非完全明了，则其学说不易评论。而古代哲学家去今数千年，其时代之真相极难推知。吾人今日可依据之材料，仅为当时所遗存最小之一部；欲借此残余断片以窥测其全部结构，必须备艺术家欣赏古代绘画雕刻之眼光及精神，然后古一人立说之用意与对象始可以真了解。所谓真了解者，必神游冥想，与立说之古人处于同一境界，而对于其持论所以不得不如是之苦心孤诣，表一种之同情，始能批评其学说之是非得失，而无隔阂肤廓之论。否则数千年前之陈言旧说，与今日之情势迥殊，何一不可以可笑可怪目之乎？"这里说的是专家研究古代哲学应持的态度，并不为中学生而言；要达到这种境界，必须有很深的修养与学识，一般知识分子尚且不易做到，何况中学生？但是指导中学生阅读古书，不可不酌取这样的意思，以正他们的趋向——尽浅不妨，只要趋向正，将来可以渐求深造。否则学生必致辨不清古人的是非得失，或者一味盲从古人，成个不通的"新顽固"，或者一味抹杀古人，骂古人可笑可怪，成个浅薄的妄人。这岂是教他们阅读古书的初意？所谓尽浅不妨，意思是就学生所能领会的，给他们适当的指导。如读《孟子·滕文公上》"或劳心，或劳力；劳心者治人，劳力者治于人；治于人者食人，治人者食于人；天下之通义也"一节，若以孟子这个话为天经地义，而说从前君主时代，竭尽天下的人力物力以供奉君主是合理的，现代的民权思想与民主政治是要不得的；这便是糊涂头脑。若以孟子这个话为胡言乱语，而说后代劳心者与劳力者分成两个阶级，劳心阶级地位优越，劳力阶级不得抬头，都是孟子的遗毒；这也是偏激之论。要知道孟子这一章在驳许行的君臣并耕之说，他所持的论据是与许行相反的"分工互助"。劳力的百工都有专长，劳心的"治人者"也有他的专长，各出专长，分任工作，社会才会治理：这是孟子的政治理想。时代到了战国，社会关系渐趋繁复，许行那种理想当然行不通。孟子看得到这一点，自是他的识力。要怎样才是他理想中的"治人者"？看以下"当尧之时"一大段文字便可明白，就是：像尧舜那样一心为民，干得有成绩，才算合格。这是从他"民为贵"的根本观点而来的；正因"民为贵"，所以为民除疾苦、为民兴教化的人是"治人者"的模范。于此可见他所谓"治人者"至少含有"一心为民，干政治具有专长的人"的意思，并不泛指处在君位的人，如古代的酋长或当时的诸侯。至于"食人""食于人"，在他的意想中，只是表示互助的关系而已，并不含有"注定被掠夺""注定掠夺人家"的意思。——如此看法，大概近于所谓"了解的同情"，与前面说起的糊涂头脑与偏激之论全然异趣。这未必深奥难知，中材的高中二三年生也就可以领会。多做类似的指导，学生自不致走入泥古诬古的歪路了。

五、问题指导

无论阅读何种书籍，要把应当记忆的记忆起来，把应当体会的体会出来，把应当研究的研究出来，总得认清几个问题——也可以叫作题目。如读一个人的传记，这个人的学问、事业怎样呢？或读一处地方游记，那地方的自然环境、社会情形怎样呢？都是最浅近的例子。心中存在着这些问题或题目，阅读就有了标的，辨识就有了头绪。又如读《爱的教育》，可以提出许多问题或题目：作为书中主人翁的那个小学生安利柯，他的父亲常常勉励他、教训他——父亲希望他成个怎样的人呢？书中写若干小学生，家庭环境不同，品性习惯各异——品性习惯受不受家庭环境的影响呢？书中很有使人感动的地方，为什么能使人感动呢？诸如此类，难以说尽。又如读《孟子》，也可以提出许多问题或题目：孟子主张“民为贵”，书中的哪些篇章发挥这个意思呢？孟子的理想中，把政治分为王道的与霸道的两种，两种的区别怎样呢？孟子认为“王政”并不难行，他的论据又是什么呢？诸如此类，难以说尽。这些是比较深一点的。善于读书的人，一边读下去，一边自会提出一些问题或题目来，作为阅读的标的，辨识的头绪，或者初读时候提出一些，重读时候另外又提出一些。教学生略读，当然希望学生也能如此；但是学习习惯未成，功力未到，恐怕他们提不出什么，只随随便便地胡乱读一阵了事，就有给他们提示问题的必要。对于一部书，可提出的问题或题目，往往如前面说的，难以说尽。提得太深了，学生无力应付；提得太多了，学生又无暇兼顾。因此，宜取学生能力所及的，分量多少又得顾到他们的自修时间。凡所提示的问题或题目，不只教他们“神游冥想”，以求解答；还要让他们利用所有的凭借，就是序目、注释、批评及其他参考书。在教师揭示之外，学生如能自己提出，当然大可奖励。但是提得有无价值，得当不得当，还须由教师注意与指导。为养成学生的互助习惯与切磋精神起见，也可分组研究；令每组解答一个问题或题目，到上课时候报告给大家知道，再听同学与教师的批判。

以上说的，都是教师给学生的事前指导。以后就是学生的事情了——按照教师所指导的去阅读，去参考，去研究。在这一段过程中，学生应该随时作笔记。说起笔记，现在一般学生似乎还不很明白它的作用；只因教师吩咐要作笔记，他们就在空白本子胡乱写上一些文字交卷。这种观念必须纠正。要让他们认清，笔记不是教师向他们要的赋税，而是他们读书学习不能不写的一种记录。参考得来的零星材料，临时触发的片段意思，都足以供排比贯穿之用，怎能不记录？极关重要的解释与批评，特别欣赏的几句或一节，就在他日还值得一再检览，怎能不记录？研究有得，成了完整的理解与认识，若不写下来，也许不久又忘了，怎能不记录？这种记录都不为应门面，求分数，讨教师的好；而只为于他们自己有益——必须这么做，他们的读书学习才见得切实。从上面的话看，笔记大概该有两大部分：一部分是碎屑的摘录；一部分是完整的心得——说得堂皇一点，就是"读书报告"或"研究报告"。对于初学，当然不能求其周密深至；但是敷衍塞责的弊病必须从开头就戒除，每抄一条，每写一段，总得让他们说得出个所以然。这样成了习惯，终身写作读书笔记，便将受用无穷，无论应付实务或研究学问，都可以从笔记方面得到许多助益。而在上课讨论的时候，这种笔记就是参加讨论的准备；有了准备，自不致茫然无从开口，或临时信口乱说了。

学生课外阅读之后，在课内报告并讨论阅读一书某一部分的实际经验；待全书读毕，然后作全书的总报告与总讨论，前面已经说过。那时候教师所处的地位与应取的态度，《精读指导举隅》曾经提到，不再多说，现在要说的是成绩考查的事。教师指定一本书教学生阅读，要他们从书中得到何种知识或领会，必须有个预期的标准；那个标准就是判定成绩的根据。完全达到了标准，成绩很好，固然可喜；如果达不到标准，也不能给他们一个不及格的分数就了事，必须研究学生所以达不到标准的原因——是教师自己的指导不完善呢，还是学生的资质上有缺点，学习上有疏漏？——竭力给他们补救或督促，希望他们下一次阅读的成绩比较好，能渐近于标准。一般指导自然愈完善愈好；对于资质较差、学习能力较低的学生的个别指导，尤须有丰富的同情与热诚。总之，教师在指导方面多尽一分力，无论优等的次等的学生必可在阅读方面多得一分成绩。单是考查，给分数，填表格，没有多大意义；为学生的利益而考查，依据考查再打算增进学生的利益，那才是教育家的存心。

　　以上说的成绩，大概指了解、领会以及研究心得而言。还有一项，就是阅读的速度。处于事务纷繁的现代，读书迟缓，实际上很吃亏；略读既以训练读书为目标，自当要求他们速读，读得快，算是成绩好，不然就差。不用说，阅读必须以精细正确为前提；能精细正确了，是否敏捷迅速却是判定成绩应该注意的。

　　　　　　　　《略读指导举隅》由作者与朱自清分篇合作。

　　　　　　　　此《前言》由作者执笔，1941 年 3 月 1 日作。

中学生课外读物的商讨——教育播音演讲稿

一

这个题目是教育部出给我的。我以为对于诸位同学来说，这个题目的确很关重要，为着自己的知识和能力的长成起见，你们本就应该仔仔细细想一想。我说的不过是我个人想到的一些意思，也许多少可以供你们作参考。你们听了我说的，如果对于课外读物有了更清楚的认识，对于利用课外读物有了更适当的方法，就是我的荣幸了。我准备分两次来讲。这一次讲两个节目：一个是课外读物的必需，一个是课外读物的类别。下一次再讲怎样阅读课外读物。

课外读物是必需的吗？这是个不成问题的问题，谁都知道是必需的。但为什么是必需的呢？这有给以回答的必要。假如回答不出来，或者只能模模糊糊地回答，都不能算已经懂得了课外读物是必需的。

　　和课外读物相对的，自然是课内读物。课内读物指的什么呢？无非是各科的教科书，也有不用教科书而用讲义的，那讲义也是课内读物。要知道，教科书和讲义的编撰，都不是由编辑员和教师自作主张的，须得根据教育部颁布的"课程标准"。"课程标准"详细规定着各科教材的内容纲要；编辑员编撰教科书，教师编撰讲义，都得按照规定的内容纲要，逐一加以叙述或说明；叙述和说明还不能过分详细繁复；要不，每一科的教科书和讲义都将成为很厚的一部书。所以教科书和讲义还只是一个纲要，比"课程标准"规定的内容纲要略为详明的纲要。单凭这个略为详明的纲要来学习是不济事的，所以还得请教师来给学生讲授，教师的讲授并不重在文字的解释，而重在反复阐明教科书和讲义所提及的内容。万一学生把教师所讲授的某一部分忘记了，翻开教科书和讲义来看，就可以唤起记忆，追回那些忘记了的。说到这里，你们就可以明白教科书和讲义的作用了：在学习之前，不过提示纲要；在学习之后，不过留着备忘罢了。

　　课内读物的作用既然不过如此，就见得课外读物的必需了。读了历史教科书，再去找一些关于历史的课外读物来看；读了动物讲义，再去找一些关于动物的课外读物来看，其意义等于在教室里听教师反复阐明的讲授。教师的讲授限于授课的时间，实际上还是只能作扼要的叙说，举几个简单的例子；课外读物却不受什么限制，叙说尽可详尽，举例尽可繁富，你要知道历史上某一事件的前因后果，你可以看专讲这一事件的书；你要知道某种动物的生活详情，你可以去看专讲这种动物的书；看过以后，对于教科书和讲义中所提示的，教师口头所讲的，你就有了更深更广的印证。任何知识都是这样的，仅仅浮在面上，猎涉一点儿概要，是没有多大用处的；越是往深里、往广里去研求，越是容易豁然贯通，化为有用的经验。而课外读物，正是引导你往深里广里去研求的路径。

以上说的是你们学习各种科目，为了求得深切的了解，单读教科书和讲义是不够的，还必须找与各种科目有关的课外读物来看。

除了与各种科目直接有关的读物以外，你们还要看其他的课外读物。譬如，你们修养身心，不但在实际生活中随时留意，还想知道古人今人是怎么说的，以便择善而从；这时候，你们就得看关于修养的书。你们要认识繁复的人生，理解他人的生活和思想感情，不仅为了领受趣味，还想用来陶冶自己，使自己的人格更为高尚；这时候，你们就得看各种文学作品。国难日重一日，这是无可讳言的，你们深感"知己知彼"的必要，在"知彼"这个项目下，你们自然而然想知道日本的一切情形；这时候，你们就得看关于日本的书。广义地说，这些书也和各种科目有关：关于修养的书，可以说是公民科的课外读物；各种文学作品，可以说是国文科的课外读物；关于日本的书，可以说是历史科、地理科的课外读物。可是这些书讲的并不限于教科书和讲义的范围，更不是教科书和讲义的详尽注脚，因而跟前面所说的那些书究竟有所区别。前面所说的那些书通常称作参考书，是学习各种科目的辅助品；这些书却直接供应实际生活的需要。实际生活中需要什么，你们才去找什么书来看，为了充实你们的生活，你们必须扩大阅读范围，去看各科参考书以外的各种性质的课外读物。

对一个中学生来说，有两种习惯是必须养成的。哪两种习惯呢？一是自己学习的习惯，一是随时阅读的习惯。无论什么事物，必得待教师讲授过了才去关心，教师没有讲授过的，即使摆在眼前也给它个不理睬，这种纯粹被动的学习态度是万万要不得的。你们大概听说过"举一反三"的话吧，教师的讲授无论如何详尽，总之只是"举一"；学校教育所以能使学生终身受用，全在乎让学生受到锻炼，养成"反三"的能力。教师决不能把学生所需要的事事物物一股脑儿教给学生，学生在一生中需要的事事物物却多到不可以数计，如果没有"反三"的能力，只有随时碰壁而已。所以，纯粹被动的学习态度必须彻底打破。学生不应该把教师的讲授看作学习的终极目的；教师的讲解只是发动学习的端绪，学生必须自己再加研求，才可以得到能运用于实际生活的知识和能力。即使教师不曾讲到的，不曾给过端绪的，学生为了实际生活的需要，也必须自找门径加以研求，这才是自动的学习态度，也就是自己学习的态度。凡是态度，勉强装扮是不行的，勉强装扮只能敷衍一时，不能维持永久；必须养成习惯，行所无事而自然合拍，才能历久不变，终身以之。所以单知道应该采取自己学习的态度是不够的，尤其重要的是要养成自己学习的习惯。

自己学习不限于看书，从实际事务中历练，对具体事物的观察、推究、试验，都是自己学习的方法。可是书中积聚着古人今人的各种经验，收藏着一时找不到手的许多材料，对于自己学习的人来说，书究竟是必须发掘的宝库。因此阅读课外读物实际上有双重的效果，除了随时得到各种新的收获外，还可以逐渐养成自己学习的习惯。

你们大概也听说过一些文化发达的国家，它们的人民是如何地爱好读书，学问家不必说了，就是商店里的店员，工厂里的工人，也都嗜书如命，得空就读书成了习惯。你们再想想自己的周围，家里的人有几个是经常读书的？亲戚朋友中有几个是经常读书的？如果你们花点儿工夫考察一下，就会知道那些企业家就很少经常读书的，政治家中嗜书如命的也不多，甚至大学教授，除了他们所教的课本以外，有的也不再读什么旁的书了。我国一向把求学叫作"读书"，又以为求学只是学生该做的事，不当学生了就无须再求学，也就用不着再读书了。这个观念显然是错误的，而普遍不读书的现象正是这个错误的观念造成的。大家都说我国的国力不如人家。所谓国力，不限于有形的经济力量、军事力量等，一般民众的精神和智慧也占着重要的成分；普遍的不读书，民众的精神如何能振奋起来？智慧如何能得到发展？跟经济力量、军事力量的不如人家相比较，普遍的不读书至少有同等的严重性。

不爱读书的中年人和老年人是没有什么办法的了，除非他们忽然觉悟，感到读书的必需，自己去养成读书的习惯。可是青年人为了充实自己，也为了充实我国的国力，非在学生时代养成随时阅读的习惯不可。所有的青年人都注意到了这一点，那么在不久的将来，我国就可以成为一个普遍爱好读书的国家。随时阅读的习惯，不是读几本教科书和讲义能够养成的。教科书和讲义是教师指定要读的，而要养成的，却是不待别人的指定，能随时阅读自己所需要的书的习惯。教科书和讲义不过是一个比较详明的纲要，而要养成的，却是不以只知道一个纲要为满足，能随时阅读内容丰富、体裁各异的书的习惯。这种随时阅读的习惯，只有多读课外读物才能养成。

至于课外读物的类别，依据前面所说的，大致可以分为四类：第一类是各种科目的参考书。如学习了动物学、植物学，再去看一些有关生物学方面的书，学了物理学、化学，再去看一些讲这些科学家发现和发明的书，这些书就属于这一类。第二类是关于修养的书，如伟大人物的传记，学问家、事业家的言行录，都属于这一类。第三类是供欣赏的书，小说、剧本、文集、诗歌集，都属于这一类。第四类是供临时需要的书。如预备练习游泳之前，去看一些讲游泳方法的书；当社会上发生了某种问题的时候，去看一些关于某种问题的书，这些书就属于这一类。

这样分类，并非由书的本身着眼，而是以读书的人如何利用这些书作为依据的。同一部书，由于读它的目的不同，可以归到不同的类别中去。譬如一部《史记》，如果作为历史科的补充来读，当然属于第一类。如果为了欣赏它的雄健的文笔和生动的描写，就属于第三类了。一部《论语》，如果作为领受儒家的伦理来读，当然属于第二类。如果为了知道《论语》是怎样的一部书，就属于第四类了。还有一点必须说明的，读一本书的目的虽有所专注，但是读过以后，所受的影响并不限于原来的目的。为着参考去读《史记》，多少也会欣赏到一点儿《史记》文笔的雄健和描写的生动。为着修养去读《论语》，同时也会了解《论语》是怎样的一部书。我们只能这样认定，为着某个目的去读某一部书，就把某一部书归入哪一类。

现成的书并不是都为中学生编撰的，因而有许多不是中学生所能理解、所能消化的。尤其是古书，除了内容外，还有文字上的种种障碍。就像方才说到的《史记》和《论语》，恐怕高中学生也难以通体阅读，没有丝毫疑难。如果能各编一个删节本，把不很重要的部分删去，再加上简明精当的新注，前面再加一篇导言，说明这本书的来历，指示这本书的读法，方能适合中学生阅读。因为提到了两部古书，才引起了我的这一番话，中学生需的课外读物多数不是古书。但是不管怎么说，现成的书大多不很适合中学生的理解能力、消化能力，所以特地而又认真地为中学生编撰各种科目的课外读物是十分必要的。出版界现在渐渐地明白了这一点，而且正在努力，这是一个很好的现象。

除了整本整部的书，各种各样的杂志也是课外读物。杂志上的文章，可以归入第二类、第四类的居多，其中属于第四类的尤其重要，当社会上发生了某种问题的时候，杂志上会及时地有所论述，这是其他的课外读物所不能代替的。

至于第一类，专供学习某一科目作参考的杂志，现在还不多见，希望出版社看到中学生的需要，将来能办起来。

这一次，我就讲到这里为止，其余的话留到后天再讲。

1937 年 5 月 20 日讲。

二

上一次，我讲了课外读物为什么是必需的，还依据阅读的目的不同，把课外读物分为四类。又说阅读课外读物可以养成两种好习惯：自己学习的习惯和随时读书的习惯。这一次主要讲怎样阅读课外读物。在讲之前，我想先说一个另外的问题。

我知道各地的中学，大体上是鼓励学生阅读课外读物的，但是往往指定某些读物必须加以取缔，不准学生阅读；被取缔的大多是暴露现实的文学作品和关于政治经济的叙述和评论。学校当局采取这种措置，我们可以体谅他们的善意和苦衷：他们无非要学生思想纯正，感情和平，不为偏激的、震荡的东西所扰乱；他们取缔的，就是他们认为偏激的、震荡的那些读物。但是他们不想一想，对于学生来说，最重要的是培养明澈的识别力。学生有了明澈的识别力，对某一件事物应该有怎样的看法，什么议论应该赞同，什么议论应该反对，就会自己作出判断。学生要是没有明澈的识别力，你要学生坚持的东西即使都是对的，学生也不明白到底对在哪儿；你要学生回避的东西即使真是要不得的，学生也不明白到底为什么要不得。而取缔某些读物的做法，正剥夺了学生自己锻炼识别力的机会。

学校当局大概不会不知道，取缔的办法实际上是无法彻底做到的。越是不准阅读的东西，越是想弄一本来看看，这是青年人的常情。为了遵守学校的禁令，在学校里固然没有人看那些被取缔的读物了，可是出了学校的大门，只要能弄到手，尽不妨自由阅读。再进一步说，学生即使出了学校也不去看那些读物，社会上的各种现象罗列在学生眼前，各种议论在学生耳边沸沸扬扬，学生能视而不见、听而不闻吗？对的、不对的，要得的、要不得的，学生在生活中既然随时都得碰到，那就只有用明澈的识别力去判断，才可以立定脚跟，知所取舍。学校当局取缔某些读物固然出于善意和苦衷，实际上只是个消极的、不很有效的方法；积极有效的方法要从锻炼学生的识别力着眼；不采取取缔的措置，让学生自由地阅读，同时给学生以平正的、通达的指导，使学生的识别力渐渐地趋向正确，趋向坚定。经过这样的锻炼而养成的识别力，不但在学生时代有用，简直可以终身受用不尽。这样的效果，不是比漫然取缔某些读物强得多吗？希望学校当局为学生的利益着想，仔细地考虑一下这个问题。

学生在阅读课外读物的时候也应该明白，写在书上的东西并不是完全可以信赖的。阅读固然要认真，但是尤其重要的是要抱着批判的态度，要区别哪些是应该接受的，哪些是不该接受的，不能"照单全收"。不加区别地"照单全收"绝对不是妥当的读书方法，也不能提高自己的识别力。那末批判用什么作为标准呢？我想，用"此时""此地"来作标准，大致不会出什么错。凡是跟"此时"和"此地"相适应的，大概是可取的，当然还得经过实践的检验；凡是跟"此时"和"此地"不相适应的，一定是不可取的，至多只可以供谈助而已，决不能作为自己的行动方针和生活目标。

阅读课外读物，首先不能不谈到时间问题。中学里科目繁多，各科的教科书和讲义都得在课外温习，还有笔记和练习等作业大部分得在课外做，要划出充裕的时间来阅读课外读物，事实上是办不到的。上一次我说过了，阅读课外读物可以养成随时读书的习惯，这就要每天阅读，持之以恒，时间少一点儿倒不妨事。有的书读起来并无困难，一个钟头可以阅读一万字，即使要费点儿心思的，一个钟头也可以读五千字。就以五千字算吧，一本十万字的书，每天读一个钟头，二十天就可以读完。二十天读一本书，一年不就可以读完十八本吗？从初一到高三这六年里年年如此，不就可以读完一百零八本吗？这就很可观了。一年里头还有两个不短的假期——暑假和寒假，都是阅读课外读物的好时机，假如每天读三个钟头，这不算太多吧，两个假期合起来作为八个星期计算，就有一百六十八个钟头，至少可读完八本书，六年又是四十八本。所以时间并不是不充裕，只要坚持不懈，成绩是很可观的。

上一次，我说课外读物大致可以分为四类：第一类是各种科目的参考书；第二类是关于修养方面的书；第三类是供欣赏的书；第四类是供临时需要的书。因为读书的目的不同，阅读的方法也就各异。读第一类和第四类读物，目的只求理解。只要读过之后，能通体理解书中所说的内容就可以了。譬如在物理课上学到了杠杆定理，你想多知道一些杠杆的实际应用，就可以找一本这样的书来看；你学游泳，想知道一些游泳的方法，就可以找一本游泳入门之类的书来看；读这些书，只要达到了目的，理解了书中的内容，你就不妨把书丢开；如果真个理解了，就会终身难忘，不必再看第二回了。至于作者的身世、作者写书的旨趣是什么，作者的文笔怎么样，都可以不必过问，因为对于理解杠杆的运用和游泳的方法没有多大的关系。但是阅读的时候必须认真，不能放过一个词语的涵义、一句话语的真义，决不能采取不求甚解的马虎态度，以致造成曲解和误解。

阅读第二类和第三类读物，可不能但求理解。读第二类书，目的在于修养身心，是要躬行实践的。读第三类书，目的在于跟着作者的眼光去观察社会，体会人生。所以阅读这两类书，不但要理解书中的内容，还要对作者有充分的认识。在读这两类书的时候，其实等于和作者交朋友，由文字作媒介，求得与作者心心相通。但是光靠一两本书，对作者的理解究竟是有限的，还有进一步熟悉他的生平的必要。阅读一位哲人的言行录，同时要考求他生活的历史时代，他一生的重要事迹；阅读一位作家的文学作品，同时要考求他对生活的态度，他创作的时代背景：经过一番考求，得到的益处就会比仅仅读他的一两本书多得多。这两类书往往不能读过一回就算了事。第一回读，在这一方面得到了若干解悟；第二回读，又在另一方得到了若干解悟，或者解悟一回比一回深入。善于读这两类书的人都有这样的体会。有些书竟能使人终身阅读而不感厌倦，好像是发掘不完的宝藏，每读一回总会有新的收获。

　　无论读哪一类书，都必须使用工具书，如字典、辞典、图表等。要知道一个字的精密的解释，一个词语的正确的涵义，就得翻查字典和各科辞典。要知道一个地方的正确位置，就得翻查地图。要知道各种东西的实相，就得翻查各种图谱。要知道一个人物的经历，一件事情的概要，就得翻查年谱和大事表。工具书是不开口的顾问，会回答你的各种疑难；工具书又是包罗万象的博物馆，能让你查考各种想知道的事物。个人要置备所有的工具书是办不到的，你得尽量利用学校图书馆和公立图书馆里的工具书。在阅读各种课外读物的同时，你得熟悉各种工具书，养成查阅工具书的习惯。

有的书比较容易读，读起来用不着花多大的力气；有的书比较艰深，读起来并不怎样松快。但是无论什么书，都不能让眼光像跑马似的溜过就算，一定要集中心思，把注意力放在书上。这是第一。第二，一口气直往下读，不如每读一段，稍稍停一停，回过头去想一想这一段主要说了些什么。一口气往下读往往不能消化，好像囫囵吞枣一个样；停下来想一想就像咀嚼一个样，才能辨出真的滋味来。对于第二类和第三类的课外读物，尤其需要下这个功夫。第三，想到了什么，不妨随时提起笔把它记下来，这就是读书笔记。想的时候往往比较杂乱，比较浮泛；写下来就非有条有理不可了，非切切实实不可了：所以写读书笔记是督促自己认真阅读的一个好办法。读书笔记或者采用列表的形式，或者采用杂记的形式，可以根据所读的书的性质而定。

讲述读书方法的书和文章，都应该看，懂得了方法，往往可以"事半功倍"。大多数书的前头都有序文，序文有的介绍这本书的内容，有的介绍这本书的作者，有的指导这本书的读法。在读本文之前，先读一遍序文，也可以达到"事半功倍"的效果。

我的话讲到这里为止了。我自己知道讲得比较乱，也有没有讲到的地方。请诸位同学代我求你们的老师修正和补充。

1937 年 5 月 22 日讲，

刊《播音教育月刊》1 卷 9 期，署名叶绍钧。

把生活与作文结合起来

——论写作教育

作文论

一 引 言

人类是社会的动物，从天性上，从生活的实际上，有必要把自己的观察、经验、理想、情绪等宣示给人们知道，而且希望愈广遍愈好。有的并不是为着实际的需要，而是对于人间的生活、关系、情感，或者一己的遭历、情思、想象等，发生一种兴趣，同时仿佛感受一种压迫，非把这些表现成为一个完好的定形不可。根据这两个心理，我们就要说话、歌唱，做出种种动作，创造种种艺术；而效果最普遍、使用最利便的，要推写作。不论是愚者或文学家，不论是什么原料什么形式的文字，总之，都是由这两个心理才动手写作，才写作成篇的。当写作的时候，自然起一种希望，就是所写的恰正宣示了所要宣示的，或者所写的确然形成了一个完好的定形。谁能够教我们实现这种希望？只有我们自己，我们自己去思索关于作文的法度、技术等问题，有所解悟，自然每逢写作，无不如愿了。

但是，我们不能只思索作文的法度、技术等问题，而不去管文字的原料——思想、情感等问题，因为我们作文，无非想着这原料是合理，是完好，才动手去作的。而这原料是否合理与完好，倘若不经考定，或竟是属于负面的也未可知，那就尽管在法度、技术上用工夫，也不过虚耗心力，并不能满足写作的初愿。因此，我们论到作文，就必须连带地论到原料的问题。思想构成的径路，情感凝集的训练，都是要讨究的。讨究了这些，才能够得到确是属于正面的原料，不致枉费写作的劳力。

或许有人说："这样讲，把事情讲颠倒了。本来思想情感是目的，而作文是手段，现在因作文而去讨究思想、情感，岂不是把它们看作作文的手段了吗？"固然，思想、情感是目的，是全生活里的事情，但是，要有充实的生活，就要有合理与完好的思想、情感；而作文，就拿这些合理与完好的思想、情感来做原料。思想、情感的具体化完成的时候，一篇文字实在也就已经完成了，余下的只是写下来与写得适当不适当的问题而已。我们知道有了优美的原料可以制成美好的器物，不曾见空恃技巧却造出好的器物来。所以必须探到根本，讨究思想、情感的事，我们这工作才得圆满。顺着自然的法则，应当是这么讨究的，不能说这是目的手段互相颠倒。

所以在这本小书里，想兼论"怎样获得完美的原料"与"怎样把原料写作成文字"这两个步骤。

这个工作不过是一种讨究而已，并不能揭示一种惟一的固定的范式，好像算学的公式那样。它只是探察怎样的道路是应当遵循的，怎样的道路是能够实现我们的希望的；道路也许有几多条，只要可以达到我们的目的地，我们一例认为有遵循的价值。

至于讨究的方法，不外本之于我们平时的经验。自己的，他人的，一样可以用来作根据。自己或他人曾经这样地作文而得到很好的成绩，又曾经那样地作文而失败了，这里边一定有种种的所以然。如能寻出一个所以然，我们就探见一条道路了。所以我们应当寻得些根据（生活里的情况与名作家的篇章一样地需要），作我们讨究的材料。还应当排除一切固执的成见与固袭的教训，运用我们的智慧，很公平地从这些材料里做讨究的工夫，以探见我们的道路。这样，纵使所得微少，不过一点一滴，而因为得诸自己，将永远是我们的财宝，终身用之而不竭；何况我们果能努力，所得未必仅止一点一滴呢？

凡事遇到需求，然后想法去应付，这是通常的自然的法则。准此，关于作文的讨究似应在有了写作需要之后，没有写作需要的人便不用讨究。但是我们决不肯这样迟钝，我们能够机警地应付。凡是生活里重要的事情，我们总喜欢一壁学习一壁应用，非特不嫌多事，而且务求精详。随时是学，也随时是用。各学科的成立以此；作文的所以成为一个题目，引起我们讨究的兴趣，并且鼓动我们练习的努力，也以此。何况"想要写作"真是个最易萌生的欲望，差不多同想吃想喝的欲望一样。今天尚未萌生的，说不定明天就会萌生；有些人早已萌生，蓬蓬勃勃地几乎不可遏止了；又有些人因为不可遏止，已经做了许多回写作这件事了。不论是事先的准备，或是当机的应付，或是过后的衡量，只要是希望满足写作的愿望的，都得去做一番作文的讨究的工夫。可以说这也是生活的一个基本条件。

再有一个应当预先解答的问题，就是："这里所讨究的到底指普通文而言还是指文学而言？"这是一个很容易发生的疑问，又是一个不用提出的疑问。普通文与文学，骤然看来似乎是两件东西；而究实细按，则觉它们的界限很不清楚，不易判然划分。若论它们的原料，都是思想、情感。若论技术，普通文要把原料表达出来，而文学也要把原料表达出来。曾经有许多人给文学下过很细密很周详的界说，但是这些条件未尝不是普通文所期望的。若就成功的程度来分说，"达意达得好，表情表得妙，便是文学"。① 则是批评者的眼光中才有这程度相差的两类东西。在作者固没有不想竭其所能，写作最满意的文字的；而成功的程度究竟怎样，则须待完篇以后的评衡，又从哪里去定出所作的是什么文而后讨究其作法？况且所谓好与妙又是很含糊的，到什么程度才算得好与妙呢？所以说普通文与文学的界限是很不清楚的。

又有一派的意见，以为普通文指实用的而言。这样说来，从反面着想，文学是非实用的了。可是实用这个词能不能做划分的标准呢？在一般的见解，写作一篇文字，发抒一种情绪，描绘一种景物，往往称之为文学。然而这类文字，在作者可以留迹象，取快慰；在读者可

---

① 见《胡适文存》卷一第二九七页。

以兴观感，供参考，何尝不是实用？至于议论事情、发表意见的文字，往往被认为应付实际的需用的。然而自古迄今，已有不少这类的文字被认为文学了。实用这个词又怎能做划分的标准呢？

既然普通文与文学的界限不易划分，从作者方面想，更没有划分的必要。所以这本小书，不复在标题上加什么限制，以示讨究的是凡关于作文的事情。不论想讨究普通文或文学的写作，都可以从这里得到一点益处，因为我们始终承认它们的划分是模糊的，泉源只是一个。

二 诚实的自己的话

我们试问自己，最爱说的是哪一类的话？这可以立刻回答，我们爱说必要说的与欢喜说的话。语言的发生本是为着要在人群中表白自我，或者要鸣出内心的感兴。顺着这两个倾向的，自然会不容自遏地高兴地说。如果既不是表白，又无关感兴，那就不必鼓动唇舌了。

作文与说话本是同一目的，只是所用的工具不同而已。所以在说话的经验里可以得到作文的启示。倘若没有什么想要表白，没有什么发生感兴，就不感到必要与欢喜，就不用写什么文字。一定要有所写才写。若不是为着必要与欢喜，而勉强去写，这就是一种无聊又无益的事。

勉强写作的事确然是有的，这或者由于作者的不自觉，或者由于别有利用的心思，并不根据所以要写作的心理的要求。有的人多读了几篇别人的文字，受别人的影响，似乎觉得颇欲有所写了；但是写下来的与别人的文字没有两样。有的人存着利用的心思，一定要写作一些文字，才得达某种目的；可是自己没有什么可写，不得不去采取人家的资料。像这样无意的与有意的勉强写作，犯了一个相同的弊病，就是模仿。这样说，无意而模仿的人固然要出来申辩，说他所写的确然出于必要与欢喜；而有意模仿的人或许也要不承认自己的模仿。但是，有一个尺度在这里，用它一衡量，模仿与否将不辩而自明，这个尺度就是："这文字里的表白与感兴是否确实是作者自己的?"拿这个尺度衡量，就可见前者与后者都只是复制了人家现成的东西，作者自己并不曾拿出什么来。不曾拿出什么来，模仿的讥评当然不能免了。至此，无意而模仿的人就会爽然自失，感到这必要并非真的必要，欢喜其实无可欢喜，又何必定要写作呢？而有意模仿的人想到写作的本意，为葆爱这种工具起见，也将遏抑利用的心思。直到确实有了自己的表白与感兴才动手去写。

像那些著述的文字，是作者潜心研修，竭尽毕生精力，获得了一种见解，创成了一种艺术，然后写下来的，写的自然是自己的东西。但是人间的思想、情感往往不甚相悬；现在定要写出自己的东西，似乎他人既已说过的，就得避去不说，而要去找人家没有说过的来说。这样，在一般人岂不是可说的话很少了吗？其实写出自己的东西并不是这个意思；按诸实际，也决不能像这个样子。我们说话、作文，无非使用那些通用的言词；至于原料，也免不了古人与今人曾经这样那样运用过了的，虽然不能说决没有创新，而也不会全部是创新。但是，我们要说这席话，写这篇文，自有我们的内面的根源，并不是完全被动地受了别人的影响，也不是想利用来达到某种不好的目的。这内面的根源就与著述家所获得的见解、所创成的艺术有同等的价值。它是独立的；即使表达出来恰巧与别人的雷同，或且有意地采用了别人的东西，都不应受到模仿的讥评；因为它自有独立性，正如两人面貌相似、性情相似，无碍彼此的独立，或如生物吸收了种种东西营养自己，却无碍自己的独立。所以我们只须自问有没有话要说，不用问这话是不是人家说过。果真确有要说的话，用以作文，就是写出自己的东西了。

更进一步说，人间的思想、情感诚然不甚悬，但也决不会全然一致。先天的遗传，后天的教育，师友的熏染，时代的影响，都是酿成大同中的小异的原因。原因这么繁复，又是参伍错综地来的，这就形成了各人小异的思想、情感。那么，所写的东西只要是自己的，实在很难得遇到与人家雷同的情形。试看许多文家一样地吟咏风月，描绘山水，会有不相雷同而各极其妙的文字，就是很显明的例子。原来他们不去依傍别的，只把自己的心去对着风月山水；他们又绝对不肯勉强，必须有所写才写；主观的情思与客观的景物糅合，组织的方式千变万殊，自然每有所作都成独创了。虽然他们所用的大部分也只是通用的言词，也只是古今人这样那样运用过了的，而这些文字的生命是由作者给与的，终竟是惟一的独创的东西。

讨究到这里，可以知道写出自己的东西是什么意义了。

既然要写出自己的东西，就会连带地要求所写的必须是美好的：假若有所表白，这当是有关于人间事情的，则必须合于事理的真际，切乎生活的实况；假若有所感兴，这当是不倾吐不舒快的，则必须本于内心的郁积，发乎情性的自然。这种要求可以称为"求诚"。试想假如只知写出自己的东西而不知求诚，将会有什么事情发生？那时候，臆断的表白与浮浅的感兴，因为无由检验，也将杂出于笔下而不自觉知。如其终于不觉知，徒然多了这番写作，得不到一点效果，已是很可怜悯的。如其随后觉知了，更将引起深深的悔恨，以为背于事理的见解怎能够表白于人间，贻人以谬误，浮荡无着的偶感怎值得表现为定形，耗己之劳思呢？人不愿陷于可怜的境地，也不愿事后有什么悔恨，所以对于自己所写的文字，总希望确是美好的。

虚伪、浮夸、玩戏，都是与诚字正相反对的。在有些人的文字里，却犯着虚伪、浮夸、玩戏的弊病。这个原因同前面所说的一样，有无意的，也有有意的。譬如论事，为才力所限，自以为竭尽智能，还是得不到真际。就此写下来，便成为虚伪或浮夸了。又譬如抒情，为素养所拘，自以为很有价值，但其实近于恶趣。就此写下来，便成为玩戏了。这所谓无意的，都因有所蒙蔽，遂犯了这些弊病。至于所谓有意的，当然也如上文所说的那样怀着利用的心思，借以达某种的目的。或者故意颠倒是非，希望淆惑人家的听闻，便趋于虚伪；或者谀墓、献寿，必须彰善颂美，便涉于浮夸；或者作书牟利，迎合人们的弱点，便流于玩戏。无论无意或有意犯着这些弊病，都是学行上的缺失，生活上的污点。假如他们能想一想是谁作文，作文应当是怎样的，便将汗流被面，无地自容，不愿再担负这种缺失与污点了。

我们从正面与反面看，便可知作文上的求诚实含着以下的意思：从原料讲，要是真实的、深厚的，不说那些不可征验、浮游无着的话；

从写作讲，要是诚恳的、严肃，不取那些油滑、轻薄、卑鄙的态度。

我们作文，要写出诚实的、自己的话。

三 源 头

"要写出诚实的、自己的话"，空口念着是没用的，应该去寻到它的源头，有了源头才会不息地倾注出真实的水来。从上两章里，我们已经得到暗示，知道这源头很密迩，很广大，不用外求，操持由己，就是我们的充实的生活。生活充实，才会表白出、发抒出真实的深厚的情思来。生活充实的涵义，应是阅历得广，明白得多，有发现的能力，有推断的方法，情性丰厚，兴趣饶富，内外合一，即知即行等。到这地步，会再说虚妄不诚的话吗？我们欢喜读司马迁的文，认他是大文家，而他所以致此，全由于修业、游历以及伟大的志操。我们欢喜咏杜甫的诗，称他是大诗家，而他所以致此，全由于热烈的同情与高尚的人格。假若要找反面的例，要找一个生活空虚的真的文家，我们只好说无能了。

生活的充实是没有止境的，因为这并非如一个瓶罐，有一定的容量，而是可以无限地扩大，从不嫌其过大过充实的。若说要待充实到极度之后才得作文，则这个时期将永远不会来到。而写作的欲望却是时时会萌生的，难道悉数遏抑下去吗？其实不然。我们既然有了这生活，就当求它充实（这是论理上的话，这里单举断案，不复论证）。在求充实的时候，也正就是生活着的时候，并不分一个先，一个后，一个是预备，一个是实施。从这一点可以推知只要是向着求充实的路的，同时也就不妨作文。作文原是生活的一部分。我们的生活充实到某程度，自然要说某种的话，也自然能说某种的话。譬如孩子，他熟识了人的眨眼，这回又看见星的妙美的闪耀，便高兴地喊道："星在向我眨眼了。"他运用他的观察力、想象力，使生活向着充实的路，这时候自然要倾吐这么一句话，而倾吐出来的又恰好表达了他的想象与欢喜。大文家写出他每一篇名作，也无非是这样的情形。

所以我们只须自问，我们的生活是不是在向着求充实的路上？如其是的，那就可以绝无顾虑，待写作的欲望兴起时，便大胆地、自信地写作。因为欲望的兴起这么自然，原料的来源这么真切，更不用有什么顾虑了。我们最当自戒的就是生活沦没在虚空之中，内心与外界很少发生关系，或者染着不正当的习惯，却要强不知以为知，不能说、不该说而偏要说。这譬如一个干涸的源头，哪里会倾注出真实的水来？假若不知避开，唯有陷入模仿、虚伪、浮夸、玩戏的弊病里罢了。

要使生活向着求充实的路，有两个致力的目标，就是训练思想与培养情感。从实际讲，这二者也是互相联涉，分割不开的。现在为论列的便利，姑且分开来。看它们的性质，本应是一本叫作《做人论》里的章节。但是，因为作文是生活的一部分，所以它们也正是作文的源头，不妨在这里简略地讨究一下。

请先论训练思想。杜威一派的见解以为"思想的起点是实际上的困难，因为要解决这种困难，所以要思想；思想的结果，疑难解决了，实际上的活动照常进行；有了这一番思想作用，经验更丰富一些，以后应付疑难境地的本领就更增长一些。思想起于应用，终于应用；思想是运用从前的经验来帮助现在的生活，更预备将来的生活"。[①] 这样的思想当然会使生活的充实性无限地扩大开来。它的进行顺序是这样："（一）疑难的境地；（二）指定疑难之点究竟在什么地方；（三）假定种种解决疑难的方法；（四）把每种假定所涵的结果一一想出来，看哪一个假定能够解决这个困难；（五）证实这种解决使人信用，或证明这种解决的谬误，使人不信用。"[②] 在这个顺序里，这第三步的"假设"是最重要的，没有它就得不到什么新东西。而第四、第五步则是给它加上评判和验证，使它真能成为生活里的新东西。所以训练思想的涵义，"是要使人有真切的经验来作假设的来源；使人有批评、判断种种假设的能力；使人能造出方法来证明假设的是非真假"。[③]

至此，就得归根到"多所经验"上边去。所谓经验，不只是零零碎碎地承受种种见闻接触的外物，而是认清楚它们，看出它们之间的关系，使成为我们所有的东西。不论愚者和智者，一样在生活着，所以各有各的自得的经验。各人的经验有深浅广狭的不同。所谓愚者，只有很浅很狭的一部分，仅足维持他们的勉强的生活；除此以外就没有什么了。这个原因当然在少所接触；而接触的多少不在乎外物的来不来，乃在乎主观的有意与无意；无意应接外物，接触也就少了。所以我们要经验丰富，应该有意地应接外物，常常持一种观察的态度。这样，将见环绕于四围的外物非常多，都足以供我们认识、思索，增

---

① 见《胡适文存》卷二第一二六页。

② 见《胡适文存》卷二第一二〇页。

③ 见《胡适文存》卷二第一二七页。

加我们的财富。我们运用着观察力，明白它们外面的状况以及内面的情形，我们的经验就无限地扩大开来。譬如对于一个人，如其不加观察，摩肩相值，瞬即东西，彼此就不相关涉了。如其一加观察，至少这个人的面貌、姿态在意念中留下一个印象。若进一步与他结识，更可以认识他的性情，品格。这些决不是无益的事，而适足以使我们获得关于人的种种经验，于我们持躬论人都有用处。所以随时随地留意观察，是扩充经验的不二法门。由多所观察，方能达到多所经验。经验愈丰富，则思想进行时假设的来源愈广，批评、判断种种假设的能力愈强，造出方法以证明假设的是非真假也愈有把握。

假如我们作文是从这样的源头而来的，便能表达事物的真际，宣示切实的意思，而且所表达、所宣示的也就是所信从、所实行的，所以内外同致，知行合一。写出诚实的话不是做到了吗？

其次，论培养情感。遇悲喜而生情，触佳景而兴感，本来是人人所同的。这差不多是莫能自解的，当情感兴起的时候，浑然地只有这个情这个感，没有工夫再去剖析或说明。待这时候已过，才能回转去想。于是觉得先前的时候悲哀极了或者喜悦极了，或者欣赏了美的东西了。情感与经验有密切的关系。它能引起种种机会，使我们留意观察，设法试证，以获得经验；它又在前面诱导着，使我们勇往直进，全心倾注，去享用经验。它给我们极大的恩惠，使我们这世界各部互相关联而且固结不解地组织起来；使我们深入生活的核心，不再去计较那些为什么而生活的问题。它是粘力，也是热力。我们所以要希求充实的生活，而充实的生活的所以可贵，浅明地说，也就只为我们有情感。

　　情感的强弱周偏各人不同。有些人对于某一小部分的事物则倾致他们的情感，对其它事物则不然。更有些人对于什么都淡漠，不从这方面倾致，也不从那方面倾致，只是消极地对待，觉得什么东西总辨不出滋味，一切都是无边的空虚，世界是各不相关联的一堆死物，生活是无可奈何的消遣。所以致此的原因，在于与生活的核心向来不曾接近过，永久是离开得远远；而所以离开，又在于不多观察，少具经验，缺乏切实的思想能力。（因此，在前面说思想情感是"互相联涉，分割不开的"，原来是这么如环无端，迭为因果的呵。）于此可见我们如不要陷入这一路，就得从经验、思想上着手。有了真切的经验、思想，必将引起真切的情感；成功则喜悦，失败则痛惜，不特限于一己，对于他人也会兴起深厚的同情。而这喜悦之情的享受与痛惜之后的奋发，都足以使生活愈益充实。人是生来就怀着情感的核的，果能好好培养，自会抽芽舒叶，开出茂美的花，结得丰实的果。生活永远涵濡于情感之中，就觉这生活永远是充实的。

　　现在回转去论到作文。假如我们的情感是在那里培养着的，则凡有所写，都属真情实感；不是要表现于人前，便是吐其所不得不吐。写出诚实的话不是做到了吗？

　　我们要记着，作文这件事离不开生活，生活充实到什么程度，才会做成什么文字。所以论到根本，除了不间断地向着求充实的路走去，更没有可靠的预备方法。走在这条路上，再加写作的法度、技术等，就能完成作文这件事了。

必须寻到源头，方有清甘的水喝。

四　组　织

我们平时有这么一种经验：有时觉得神思忽来，情意满腔，自以为这是值得写而且欢喜写的材料了。于是匆匆落笔，希望享受成功的喜悦。孰知成篇以后，却觉这篇文字并不就是我所要写的材料，先前的材料要胜过这成篇的文字百倍呢。因此爽然自失，感到失败的苦闷。刘勰说："方其搦翰，气倍辞前；暨乎篇成，半折心始。何则？意翻空而易奇，言征实而难巧也。"[1] 他真能说出这种经验以及它的由来。从他的话来看，可知所以致此，一在材料不尽结实，一在表达未得其道。而前者更重于后者。表达不得当，还可以重行修改；材料空浮，那就根本上不成立了。所以虽然说，如其生活在向着求充实的路上，就可以绝无顾虑，待写作的欲望兴起时，便大胆地、自信地写作，但不得不细心地、周妥地下一番组织的工夫。既经组织，假如这材料确是空浮的，便立刻会觉察出来，因而自愿把写作的欲望打消了。假如并非空浮，只是不很结实，那就可以靠着组织的功能，补充它的缺陷。拿什么来补充呢？这惟有回到源头去，仍旧从生活里寻找，仍旧从思想、情感上着手。

有人说，文字既然源于生活，则写出的时候只须顺着思想、情感之自然就是了。又说组织，岂非多事？这已在前面解答了，材料空

---

① 见《文心雕龙·神思》。

浮与否，结实与否，不经组织，将无从知晓，这是一层。更有一层，就是思想、情感之自然未必即与文字的组织相同。我们内蓄情思，往往于一刹那间感其全体；而文字必须一字一句连续而下，仿佛一条线索，直到终篇才会显示出全体。又，蕴蓄于中的情思往往有累复、凌乱等情形；而形诸文字，必须不多不少、有条有理才行。因此，当写作之初，不得不把材料具体化，使成为可以独立而且可以照样拿出来的一件完美的东西。而组织的工夫就是要达到这种企图。这样才能使写出来的正就是所要写的；不致被"翻空"的意思所引诱，徒然因"半折心始"而兴叹。

所以组织是写作的第一步功夫。经了这一步，材料方是实在的，可以写下来，不仅是笼统地觉得可以写下来。经过组织的材料就譬如建筑的图样，依着兴筑，没有不成恰如图样所示的屋宇的。

组织到怎样才算完成呢？我们可以设一个譬喻，要把材料组成一个圆球，才算到了完成的地步。圆球这东西最是美满，浑凝调和，周遍一致，恰是一篇独立的、有生命的文字的象征。圆球有一个中心，各部分都向中心环拱着。而各部分又必密合无间，不容更动，方得成为圆球。一篇文字的各部分也应环拱于中心（这是指所要写出的总旨，如对于一件事情的论断，蕴蓄于中而非吐不可的情感之类），为着中心而存在。而且各部分应有最适当的定位列次，以期成为一篇圆满的文字。

至此，我们可以知道组织的着手方法了。为要使各部分环拱于中心，就得致力于剪裁。为要使各部分密合妥适，就得致力于排次。把所有的材料逐部审查，而以是否与总旨一致为标准，这时候自然知所去取，于是检定一致的、必要的，去掉不一致的、不切用的，或者还补充上遗漏的、不容少的，这就是剪裁的功夫。经过剪裁的材料方是可以确信的需用的材料。然后把材料排次起来，而以是否合于论理上的顺序为尺度，这时候自然有所觉知。于是让某部居开端，某部居末梢，某部与某部衔接；而某部与某部之间如其有复叠或罅隙，也会发现出来，并且知道应当怎样去修补。到这地步，材料的具体化已经完成了；它不特是成熟于内面的，而且是可以照样宣示于外面的了。

一篇文字的所以独立，不得与别篇合并，也不得剖分为数篇，只因它有一个总旨，它是一件圆满的东西，据此以推，则篇中的每一段虽是全篇的一部分，也必定自有它的总旨与圆满的结构，所以不能合并，不能剖分，而为独立的一段。要希望一段果真达到这样子，当然也得下一番组织的功夫，就一段内加以剪裁与排次。逐段经过组织，逐段充分健全，于是有充分健全的整篇了。

若再缩小范围，每节的对于一段，每句的对于一节，也无非是这样情形。惟恐不能尽量表示所要写出的总旨，所以篇、段、节、句都逐一留意组织。到每句的组织就绪，作文的事情也就完毕了。因此可以说，由既具材料到写作成篇，只是一串组织的工夫。

要实行这种办法，最好先把材料的各部分列举出来，加以剪裁，更为之排次，制订一个全篇的纲要。然后依照写作，同时再注意于每节每句的组织。这样才是有计划有把握的作文；别的且不讲，至少可免"暨乎篇成，半折心始"的弊病。

或以为大作家写作，可无须组织，纯任机缘，便成妙文。其实不然。大作家技术纯熟，能在意念中组织，甚且能不自觉地组织，所谓"腹稿"，所谓"宿构"，便是；而决非不须组织。作文的必须组织，正同作事的必须筹划一样。

五　文　体

写作文字，因所写的材料与要写作的标的不同，就有体制的问题。文字的体制，自来有许多分类的方法。现存的最古的总集要推萧统的《文选》，这部书的分类杂乱而琐碎，不足为据。近代完善的总集要数姚鼐的《古文辞类纂》，分文字为十三类。[①] 这十三类或以文字写列的地位来立类 [②]，或以作者与读者的关系来立类 [③]，或又以文字的特别形式来立类 [④]，标准纷杂，也不能使我们满意。

分类有三端必须注意的：一要包举；二要对等；三要正确。包举是要所分各类能够包含该事物的全部分，没有遗漏；对等是要所分各类性质上彼此平等，决不能以此涵彼；正确是要所分各类有互排性，决不能彼此含混。其次须知道要把文字分类，当从作者方面着想，就是看作者所写的材料与要写作的标的是什么，讨究作文，尤其应当如此。我们知道论辩文是说出作者的见解，而序跋文也无非说出作者对

---

① 十三类是论辩、序跋、奏议、书说、赠序、诏令、传状、碑志、杂记、箴铭、颂赞、辞赋、哀祭。

② 如序跋、碑志。

③ 如奏议、诏令。

④ 如箴铭、辞赋。

于某书的见解，则二者不必判分了。又知道颂赞文是倾致作者的情感，而哀祭文也无非倾致作者对于死者的情感，则二者可以合并了。我们要找到几个本质上的因素，才可确切地定下文字的类别。

要实现上面这企图，可分文字为叙述、议论、抒情三类。这三类所写的材料不同，要写作的标的不同，既可包举一切的文字，又复彼此平等，不相含混，所以可认为本质上的因素。叙述文的材料是客观的事物（有的虽也出自虚构，如陶潜的《桃花源记》之类，但篇中人、物、事实所处的地位实与实有的客观的无异），写作的标的在于传述。议论文的材料是作者的见解，写作的标的在于表示。抒情文的材料是作者的情感，写作的标的在于发抒。

要指定某文属某类，须从它的总旨看。若从一篇的各部分看，则又往往见得一篇而兼具数类的性质。在叙述文里，常有记录人家的言谈的，有时这部分就是议论。[①] 在议论文里，常有列举事实作例证的，这等部分就是叙述。[②] 在抒情文里，因情感不可无所附丽，常要借述说或推断以达情，这就含有叙述或议论的因素了。[③] 像这样参伍错综的情形是常例，一篇纯粹是叙述、议论或抒情的却很少。但只要看全篇的总旨，它的属类立刻可以确定。虽然所记录的人家的言谈是议论，而作者只欲传述这番议论，所以是叙述文。虽然列举许多事实是叙述，而作者却欲借此表示他的见解，所以是议论文。虽然述说事物、推断

---

① 如《史记·鲁仲连列传》仲连新垣衍的言谈，便是议论文。

② 如《吕氏春秋·察征》列述许多故事，便是叙述文。

③ 如韩愈《祭十二郎文》差不多全是述说与推断。

义理是叙述与议论，而作者却欲因以发抒他的情感，所以是抒情文。

文字既分为上述的三类，从写作方面讲，当然分为叙述、议论、抒情三事。这些留在以后的几篇里去讨究，在这里先论这三事相互间的关系。

第一，叙述是议论的基本，议论是从叙述进一步的功夫。因为议论的全部的历程就是思想的历程，必须有根据，才能产生假设，并且证明假设；所根据的又必须是客观的真实，方属可靠。而叙述的任务就在说出客观的真实。所以议论某项事物，须先有叙述所根据的材料的能力；换一句说，就是对于所根据的材料认识得正确清楚；即使不必把全部写入篇中，而意念中总须能够全部叙述。不然，对于所根据的材料尚且弄不明白，怎能议论呢？不能议论而勉强要议论，所得的见解不是沙滩上的建筑吗？写作文字，本乎内面的欲求，有些时候，叙述了一些事物就满足了，固不必再发什么议论。但发议论必须有充分的叙述能力做基本，叙述与议论原来有这样的关系。

第二，叙述、议论二事与抒情，性质上有所不同。叙述或议论一事，意在说出这是这样子或者这应当是这样子。看这类文字的人只要求知道这是这样子或者这应当是这样子。一方面说出，一方面知道，都站在自己的静定的立足点上。这样的性质偏于理知。至于抒情，固然也是说出这是这样子或者这应当是这样子，但里面有作者心理上的感受与变动做灵魂。看这类文字的人便不自主地心理上起一种共鸣作用，也有与作者同样的感受与变动。一方面兴感，一方面被感，都足使自己与所谓这是这样子或者这应当是这样子融合为一。这样的性质偏于情感。若问抒情何以必须借径于叙述、议论而不径直发抒呢？这从心理之自然着想，就可以解答了。我们决没有虚悬无着的情感；事物凑合，境心相应，同时就觉有深浓的情感凝集拢来。所以抒情只须把事物凑合、境心相应的情况说出来。这虽然一样是叙述、议论的事，但已渗入了作者的情感，抒情化了。若说径直发抒，这样就是径直发抒。否则只有去采用那些情感的词语，如哀愁、欢乐之类。就是写上一大串，又怎样发抒出甚么呢？

六　叙　述 [①]

供给叙述的材料是客观的事物，上章既已说过了。所谓客观的事物包含得很广，凡物件的外形与内容，地方的形势与风景，个人的状貌与性情，事件的原委与因果，总之离开作者而依然存在的，都可以纳入。在这些里面，可以分为外显的与内涵的两部：如外形、形势、状貌等，都是显然可见的；而内容的品德、风景的佳胜、性情的情状、原委因果的关系等都是潜藏于内面的，并不能一望而知。

要叙述事物，必须先认识它们，了知它们。这惟有下工夫去观察。观察的目标在得其真际，就是要观察所得的恰与事物的本身一样。所以当排除一切成见与偏蔽，平心静气地与事物接触。对于事物的外显的部分固然视而可见，察而可知，并不要多大的能耐，对于内涵的部分也要认识得清楚了，了知得明白，就不很容易了。必须审查周遍，

---

① 　此章持论与举例，多数采自梁启超《中学以上作文教学法》，见《改造》第四卷九、十两号。

致力精密，方得如愿以偿。其中尤以观察个人的性情与事件的原委、因果为最难。

个人的性情，其实就是这个人与别人的不同处；即非大不相同，也应是微异处。粗略地观察，好像人类性情是共通的，尤其在同一时代同一社会的人是这样。但再进一步，将见人与人只相类似而决非共通。因为类似，定有不同之点。不论是大不同或者微异，这就形成各人特有的个性。非常人如此，平常人也如此。所以要观察个人的性情，宜从他与别人不同的个性着手。找到他的个性，然后对于他的思想言动都能举约御繁，得到相当的了解。

简单的事件，一切经过都在我们目前，这与外显的材料不甚相差，尚不难观察。复杂的事件经过悠久的时间，中间包含许多的人，他们分做或合做了许多的动作，这样就成为一组的事，互相牵涉，不可分割。要从这里边观察，寻出正确的原委、因果，岂非难事？但是凡有事件必占着空间与时间。而且凡同一时间所发生的事件，空间必不相同；同一空间所发生的事件，时间必不相同。能够整理空间时间的关系，原委、因果自然会显露出来了。所以要观察复杂的事件，宜从空间时间的关系入手。

我们既做了观察的工夫，客观的事物就为我们所认识、所了知了，如实地写录下来，便是叙述。也有一类叙述的文字是出于作者的想象的，这似乎与叙述必先观察的话不相应了。其实不然。想象不过把许多次数、许多方面观察所得的融和为一，团成一件新的事物罢了。假若不以观察所得的为依据，也就无从起想象作用。所以虚构的叙述也非先之以观察不可。

　　我们平时所观察的事物是很繁多的。要叙述出来，不可不规定一个范围。至若尚待临时去观察的，尤须划出范围，致力方能精审。划范围的标准就是要写作的总旨：要记下这件东西的全部，便以这件东西的全部为范围；要传述这人所作的某事，便以某事为范围；这是极自然的事，然而也是极重要的事。范围规定之后，才能下组织的功夫，剪裁与排次才有把握。凡是不在这范围以内的，就是不必叙述的，若偶有杂入，便当除去。而在范围以内的，就是必须叙述的，若尚有遗漏，便当补充。至于怎样排次才使这范围以内的事物完满叙出，也可因以决定。假如不先规定范围，材料杂乱，漫无中心，决不能写成一篇完整的文字。犯这样弊病的并不是没有，其故在忘记了要写作的总旨。只须记着总旨，没有不能规定所写材料的范围的。

　　假若规定以某事物的全部为范围而加以叙述，则可用系统的分类方法。把主从轻重先弄明白；再将主要的部分逐一分门立类，使统率其余的材料。这样叙述，有条有理，细大不遗，就满足了我们的初愿了。[①]使我们起全部叙述的意念的材料，它的性质往往是静定的，没有什么变化；它的范围又出于本然，只待我们认定，不待我们界划。静定而不变化，则观察可以纤屑无遗；范围自成整个，则观察可以不生混淆。既如此，应用系统的分类叙述，自然能够胜任愉快了。

　　有些时候，虽然也规定以某事物的全部为范围，而不能逐一遍举；

---

① 　如韩愈《画记》用分类的方法，把画上人、马及其它动物、杂器物全部叙入，便是一个适例。教科书也往往用这种叙述法。

则可把它分类，每类提出要领以概其余。只要分类正确，所提出的要领决然可以概括其余的材料。这样，虽不遍举，亦叙述全部了。①

更有些时候，并不要把事物的全部精密地叙述出来，只须有一个大略（但要确实是全部的大略），则可用鸟瞰的眼光把各部分的位置以及相互的关系弄清楚，然后叙述。只要瞻瞩得普遍，提挈得得当，自能得一个全部的影子。②

至于性质多变化、范围很广漠的材料，假如也要把全部分纤屑不遗、提纲挈领地叙述下来，就有点不可能了。然而事实上也决不会起这种意念；如欲叙述一个人，决不想把他每天每刻的思想言动叙下来；叙述一件事，决不想把它时时刻刻的微细经过叙下来；很自然地，只要划出一部分来做叙述的范围，也就满足了。范围既已划定，就认这部分是中心，必须使它十分圆满。至若其余的部分，或者带叙以见关系，或者以其不需要而不加叙述。这是侧重的方法。③ 大部分的叙述文都是用这个方法写成的。这正如画家的一幅画，只能就材料丰富、顷刻迁变的大自然中，因自己的欢喜与选择，描出其中一部分的某一时令间的印象。虽说"只能"但是在画家也满足了。

---

① 如《史记·西南夷列传》把西南夷分为三大部，用土著、游牧及头发的装束等做识别。每一大部中复分为若干小部，每一小部举出一个或两个部落为代表。代表者的特殊地位固然见出，其余散部落亦并不遗漏。

② 这可举《史记·货殖列传》为例。此篇从"汉兴海内为一"起，至"燕代田畜而事蚕"止，讲的是当时经济社会的状况。虽然只是一个大概，但物的方面，把各地主要都市所在以及物产的区别、交通的脉络，人的方面，把各地历史的关系，人民性质遗传上好处坏处、习惯怎样养成、职业怎样分布都讲到了。

③ 如《史记·廉颇蔺相如列传》中叙廉颇，只侧重在与蔺相如倾轧而终于交欢的一件事；其余攻城破邑之功，仅是带叙而已。但就从这一件事，我们认识廉颇了。

以上所述，叙述的范围始终只是一个。所以作者的观点也只须一个；或站在旁侧，或升临高处，或精密地观察局部，或大略地观察全体，不须移动，只把从这观点所见的叙述出来就是了。但是有时候我们想叙述一事物的几方面或几时期，那就不能只划定一个范围，须得依照方面或时期划定几个范围。于是我们的观点就跟着移动，必须站在某一个适宜的观点上，才能叙述出某一范围的材料而无遗憾。这犹如要画长江沿途的景物，非移舟前进不可；又如看活动电影，非跟着戏剧的进行，一幕一幕看下去不可。像这样的，可称为复杂的叙述文，分开来就是几篇。但是并不把它们分开，仍旧合为一篇，那是因为它们彼此之间有承接，有影响，而环拱于一个中心之故。[①]

叙述的排次，最常用的是依照自然的次序；如分类观察，自会列出第一类第二类来，集注观察，自会觉着第一层第二层来，依照这些层次叙述，就把作者所认识、了知的事物保留下来了。但也有为了注重起见，并不依照自然的次序的。这就是把最重要的一类或一层排次在先，本应在先的却留在后面补叙。如此，往往增加文字的力量，足以引起读者的注意。但既已颠乱了自然的次序，就非把前后关系接榫处明白且有力地叙出不可[②]，否则成为求工反拙了。

---

① 如《汉书·西域传》，先叙西域交通的两条大路；再入本文，就依照路线叙去。作者的观点与叙述的范围固然随地变更，但自有一个中心统摄着，就是叙述西域。

② 如《域外小说集》中《灯台守》一篇，先叙与本篇相关重要的老人应募守灯台事；及老人登台眺望，方追叙他的往事。其由说明他"回念前此飘流忧患，直可付之一笑"，因而追叙往事，由往事的最后，在"心冀安居"，因而接到现在的竟得安居，都是极完美的接榫方法。

七 议 论

议论的总旨在于表示作者的见解。所谓见解，包括对于事物的主张或评论，以及驳斥别人的主张而申述自己的主张。凡欲达到这些标的，必须自己有一个判断，或说"这是这样的"，或说"这不是那样的"。既有一个判断，它就充当了中心，种种的企图才得有所着力。所以如其没有判断，也就无所谓见解，也就没有议论这回事了。

议论一件事物只能有一个判断。这里所谓一个，是指浑凝美满，像我们前此取为譬喻的圆球而言。在一回议论里固然不妨有好几个判断，但它们总是彼此一致、互相密接的；团结起来，就成为一个圆球似的总判断。因此，它们都是总判断的一部分，各个为着总判断而存在。如其说有两个或两个以上的判断，一定有些部分与这个总判断不相关涉，或竟互相矛盾；彼此团结不成一个圆球，所以须另外分立。不相关涉的，何必要它？互相矛盾的，又何能要它？势必完全割弃，方可免枝蔓、含糊的弊病。因而议论一件事物只有而且只能有一个判断了。[①]

议论的路径就是思想的路径。因为议论之先定有实际上待解决的问题，这就是所谓疑难的境地。而判断就是既已证定的假设。这样，岂不是在同一路径上吗？不过思想的结果应用于独自的生活时，所以

---

① 如《胡适文存》卷三第四六页一，表示一个总判断，说文言中"凡询问代词用作止词时，都在动词之前"。以上论"何、谁、孰、奚、胡、曷"诸字的判断，都只是总判断的一部分。

得到这结果的依据与路径不一定用得到。议论的判断，不论以口或以笔表示于外面时，那就不是这样了。一说到表示，就含有对人的意思，而且目的在使人相信。假若光是给人一个判断，人便将说："判断不会突如其来的，你这个判断何所依据呢？为什么不可以那样而必须这样呢？"这就与相信差得远了。所以发议论的人于表示判断之外，再须担当一种责任：先把这些地方交代明白，不待人发生疑问。换一句说，就是要说出所以得到这判断的依据与路径来。譬如判断是目的地，这一种工作就是说明所走的道路。人家依照道路走，末了果真到了目的地，便见得这确是自然必至的事，疑问无从发生，当然惟有相信了。

议论里所用的依据当然和前面所说思想的依据一样，须是真切的经验，所以无非由观察而得的了知与推断所得的假设。论其性质，或者是事实，或者是事理。非把事实的内部外部剖析得清楚，认识得明白，事理的因果含蕴推阐得正确，审核得得当，就算不得真切的经验，不配做议论的依据。所以前边说过，"叙述是议论的基本"，这就是议论须先有观察工夫的意思。在这里又可以知道这一议论的依据有时就是别一议论（或是不发表出来的思想）的结果，所以随时须好好地议论（或者思想）。

所用的依据既然真切了，还必须使他人也信为真切，才可以供议论的应用。世间的事物，人己共喻的固然很多，用来做依据，自不必多所称论。但也有这事实是他人所不曾观察、没有了知的，这事理是他人所不及注意、未经信从的，假若用作依据，不加称论，就不是指示道路、叫人依照走的办法了。这必得叙述明白，使这事实也为他人所了知；论证如式，使这事理也为他人所信从。这样，所用的依据经过他人的承认，彼此就譬如在一条路上了。依照走去，自然到了目的地。①

至于得到判断的路径，其实只是参伍错综使用归纳演绎两个方法而已。什么是归纳的方法？就是审查许多的事实、事理，比较、分析，求得它们的共通之点。于是综合成为通则，这通则就可以包含且解释这些事实或事理。什么是演绎的方法？就是从已知的事实、事理，推及其它的事实、事理。因此所想得的往往是所已知的属类，先已含在所已知之中。关于这些的讨论，有论理学担任。现在单说明议论时得到判断的路径，怎样参伍错综使用这两个方法。假如所用的一个依据是人己共喻的，判断早已含在里边，则只须走一条最简单的路径，应用演绎法就行了。② 假如依据的是多数的事实事理，得到判断的路径就不这么简单了。要从这些里边定出假设，预备作为判断，就得用归纳的方法。要用事例来证明，使这假设成为确实的判断，就得用演绎的方法。③ 有时，多数的依据尚须从更多数的事实、事理里归纳出来。于是须应用两重的归纳、再跟上演绎的方法，方才算走完了应走的路

---

① 如汪荣宝论证歌、戈、鱼、虞、模韵的字，古时读 a 音（见北京大学《国学季刊》第一卷第二号），而列叙日本所译汉字的音、古代西人所译汉字的音、六朝及唐译佛经关于声音的义例以及当时译外国人名地名关于声音的义例，无非因别人不曾观察这些地方，须得详述，才能使人也信为真切。

② 这就如普通论理学书中所常用的例："凡人必死，故某必死。"岂非最简单吗？

③ 如胡适《中国哲学史大纲》第二篇，论中国哲学的发生，先从《诗经》《国语》《左传》几部书中看出当时社会状态的不安，足以引出哲学思想，用的是归纳法；又说在这样的社会状态之下，便有忧时、愤世等思潮，为哲学的先导，这就是演绎法了。

径。① 这不是颇极参伍错综之致吗？

在这里有一事应得说及，就是议论不很适用譬喻来做依据。通常的意思，似乎依据与譬喻可以相通。其实不然，它们的性质不同，须得划分清楚。依据是从本质上供给我们以意思的，我们有了这意思，应用归纳或演绎的方法，便得到判断。只须这依据确是真实的，向他人表示，他人自会感觉循此路径达此目的地是自然必至的事，没有什么怀疑。至若譬喻，不过与判断的某一部分的情状略相类似而已，彼此的本质是没有关涉的；明白一点说，无论应用归纳法或演绎法，决不能从譬喻里得到判断。所以议论用譬喻来得出判断，即使这判断极真确，极有用，严格地讲，只能称为偶合的武断，而算不得判断；因为它没有依据，所用的依据是假的。② 用了假的依据，何能使人家信从呢？又何能自知必真确、必有用呢？我们要知譬喻本是一种修辞的方法（后边要讨究到），用作议论的依据，是不配的。

现在归结前边的意思，就是依据、推论、判断这三者是议论的精魂。这三者明白切实，有可征验，才是确当的议论。把这三者都表示于人，次第井然，才是能够使人相信的议论。但是更有一些事情应得在这些部分以前先给人家：第一，要提示所以要有这番议论的原由，说出实际上的疑难与解决的需要。这才使人家觉得这是值得讨究的问

---

① 如《胡适文存》卷三第四六页一，从许多文篇的摘句归纳出"何"字、"谁"字等的用法；又从这些结果归纳出一个总判断，便是两重的归纳。

② 如《孟子》"饥者易为食，渴者易为饮，德之流行，速于置邮而传命"，不过说"德之流行很快"而已。饥渴的情形，并不是它的依据，因为彼此不相关涉。这只是一种譬喻，作用在使人家易于了解，而且感兴趣。

题，很高兴地要听我们下个怎样的判断。第二，要划定议论的范围，说关于某部分是议论所及的；同时也可以撇开以外一切的部分，说那些是不在议论的范围以内的。这才使人家认定了议论的趋向，很公平地听我们对于这趋向所下的判断。第三，要把预想中应有的敌论列举出来，随即加以评驳，以示这些都不足以摇动现在这个判断。这才使人家对于我们的判断固定地相信（在辩论中，这就成为主要的一部分，否则决不会针锋相对）。固然，每一回议论都先说这几件事是不必的，但适当的需要的时候就得完全述说；而先说其中的一事来做发端，几乎是议论文的通例。这本来也是环拱于中心——判断——的部分，所以我们常要用到它来使我们的文字成为浑圆的球体。

还要把议论的态度讨究一下。原来说话、作文都以求诚为归，而议论又专务发见事实、事理的真际，则议论的目标只在求诚，自是当然的事。但是我们如为成见所缚，意气所拘，就会变改议论的态度；虽自以为还准对着求诚，实则已经移易方向了。要完全没有成见是很难的；经验的缺乏，熏染的影响，时代与地域的关系，都足使我们具有成见。至于意气，也难消除净尽；事物当前，利害所关，不能不生好恶之心，这好恶之心譬如有色的眼镜，从此看事物，就不同本来的颜色。我们固然要自己修养，使成见意气离开我们，不致做议论的障碍；一方面更当抱定一种议论的态度，逢到议论总是这样，庶几有切实的把握，可以离开成见与意气。

凡议论夹着成见、意气而得不到切当的判断的，大半由于没有真个认清议论的范围；如论汉字的存废问题，不以使用上的便利与否为范围，而说汉字是中国立国的精华，废汉字就等于废中国，这就是起先没有认清范围，致使成见、意气乘隙而至。所以议论的最当保持的态度，就是认清范围，就事论事，不牵涉枝节上去。认清范围并不是艰难的功课，一加省察，立刻觉知；如省察文字本是一种工具，便会觉知讨论它的存废，自当以使用上的便利与否为范围。觉知之后，成见、意气更何从搀入呢？

又议论是希望人家信从的，人家愿意信从真实确当的判断，尤愿意信从这判断是恳切诚挚地表达出来的，所以议论宜取积极的诚恳的态度。这与前面所说是一贯的，既能就事论事，就决然积极而诚恳，至少不会有轻薄、骄傲、怒骂等态度。至于轻薄、骄傲、怒骂等态度的不适于议论，正同不适于平常的生活一样，在这里也不必说明了。

八 抒 情

抒情就是发抒作者的情感。我们心有所感，总要发抒出来，这是很自然的。小孩子的啼哭，可以说是"原始的"抒情了。小孩子并没有想到把他的不快告诉母亲，只是才一感到，就啼哭起来了。我们作抒情的文字，有时候很像小孩子这样自然倾吐胸中的情感，不一定要告诉人家。所谓"不得其平则鸣"，平是指情感的波澜绝不兴起的时候。只要略微不平，略微兴起一点波澜，就自然会鸣了。从前有许多好诗，署着"无名氏"而被保留下来的，它们的作者何尝一定要告诉人家呢？也只因情动于中，不能自已，所以歌咏出来罢了。

但是，有时我们又别有一种希望，很想把所感的深浓郁抑的情感告诉人，取得人家的同情或安慰。原来人类是群性的，我有欢喜的情感，如得人家的同情，似乎这欢喜的量更见扩大开来；我有悲哀的情感，如得人家的同情，似乎这悲哀不是徒然的孤独的了：这些都足以引起一种快适之感。至于求得安慰，那是怀着深哀至痛的人所切望的。无论如何哀痛，如有一个人，只要一个人，能够了解这种哀痛，而且说："世界虽然不睬你，但是有我在呢；我了解你这哀痛，你也足以自慰了。"这时候，就如见着一线光明，感着一缕暖气，而哀痛转淡了。有许多抒情文字就为着希望取得人家的同情或安慰而写作的。

前面说过，抒情无非是叙述、议论，但里面有作者心理上的感受与变动做灵魂。换一句说，就是于叙述、议论上边加上一重情感的色彩，使它们成为一种抒情的工具。其色彩的属于何种则由情感而定；情感譬如彩光的灯，而叙述、议论是被照的一切。既是被照，虽然质料没有变更，而外貌或许要有所改易。如同一的材料，当叙述它时，应该精密地、完整地写的，而用作抒情的工具，只须有一个粗略的印象已足够了；当议论它时，应该列陈依据、指示论法的，而用作抒情的工具，只须有一个判断已足够了。[①] 这等情形在抒情文字里是常有的。怎样选择取舍，实在很难说明；只要情感有蕴蓄，自会有适宜的措置，正如彩光的灯照耀时，自会很适宜地显出改易了外貌的被照的一切一样。

---

① 如李陵《答苏武书》中："凉秋九月，塞外草衰，夜不能寐；侧耳远听，胡笳互动，牧马悲鸣，吟啸成群，边声四起。"只叙述个粗略的印象，但居此境界中的人情感何似，已可见了。又如同篇中"人之相知，贵相知心"乃是一个判断。但惟其这样，弥觉彼此之情亲密。

抒情的工作实在是把境界、事物、思想、推断等，凡是用得到的、足以表出这一种情感的，——抽出来，融和混合，依情感的波澜的起伏，组成一件新的东西。可见这是一种创造。但从又一方面讲，工具必取之于客观，组织又合于人类心情之自然，可见这不尽是创造，也含着摹写的意味。王国维说："自然中之物互相关系，互相限制。然其写之于文字及美术中也，必遗其关系、限制之处。故虽写实家亦理想家也。又虽如何虚构之境，其材料必求之于自然，而其构造亦必从自然之法则。故虽理想家亦写实家也。"① 他虽然不是讲抒情的情形，但如其把"自然"一词作广义讲，兼包人的心情在内，则这几句话正好比喻抒情的情形。

从读者方面说，因为抒情文字含着摹写的意味，性质是普遍的，所以能够明白了解；又因它是以作者的情感为灵魂而创造出来的，所以会觉着感动。所谓感动，与听着叙述而了知、听着议论而相信有所不同，乃是不待审度、思想，而恍若身受，竟忘其为作者的情感的意思。人间的情感本是相类似的，这人以为喜乐或哀苦的，那人也以为喜乐或哀苦。作者把自己的情感加上一番融凝烹炼的工夫，很纯粹地拿出来，自然会使人忘却人己之分，同自己感到的一样地感受得深切。这个感动可以说是抒情文的特性。

抒情以什么为适当的限度呢？这不比叙述，有客观的事物可据，又不比议论，有论理的法则可准。各人的情感有广狭、深浅、方向的

---

① 见《人间词话》。

不同，千差万殊，难定程限，惟有反求诸己，以自己的满足为限度；抒写到某地步，自己觉得所有的情感倾吐出来了，这就是最适当的限度。而要想给人家读的，尤当恰好写到这限度而止。如或不及，便是晦昧，不完全，人家将不能感受其整体；如或太过，便是累赘，不显明，人家也不会感受得深切。

抒情的方法可以分为两种：如一样是哀感，痛哭流涕、摧伤无极地写出来也可以，微献默叹、别有凄心地写出来也可以；一样是愉快，欢呼狂叫、手舞足蹈地写出来也可以，别有会心、淡淡着笔地写出来也可以。一种是强烈的、紧张的；一种是清淡的、弛缓的。紧张的抒写往往直抒所感，不复节制，想到什么就说什么，毫不隐匿，也不改易。这只要内蕴的情感真而且深，自会写成很好的文字。它对人家具有一种近乎压迫似的力量，使人家不得不感动。① 弛缓的抒写则不然，往往涵蕴的情感很多很深，而从事于敛抑凝集，不给它全部拿出来，只写出似乎平常的一部分。其实呢，这一部分正就摄取了全情感的精魂。这样的东西，对读者的力量是暗示的而不是压迫的。读者读着，受着暗示，同时能动地动起情感来，于是感到作者所有的一切了。所以也可以说，这是留下若干部分使人家自己去想的抒写方法。②

刘勰论胜篇秀句："并思合而自逢，非研虑之所求也。或有晦塞为深，虽奥非隐；雕削取巧，虽美非秀矣。"③ 我们可以借这话来说明

---

① 如李陵《答苏武书》、司马迁《报任安书》都属此类。

② 如曹丕《与吴质书》便属此类。

③ 见《文心雕龙·隐秀》。

抒情文怎么才得好。所谓"思合而自逢"，乃是中有至情，必欲宣发，这时候自会觉得应当怎样去抒写；或是一泻无余地写出来，或是敛抑凝集地写出来，都由所感的本身而定；并不是一种后加的做作工夫。这样，才成为胜篇秀句。至于"晦塞为深""雕削取巧"则是自己的情感不深厚，或竟是没有什么情感，而要借助于做作工夫。但是既无精魂，又怎么能得佳胜，感动人家呢？于此可知惟情感深厚，抒情文才得好；如其不从根本上求，却去做雕研藻饰的工夫，只是徒劳而已。

取浑然的情感表现于文字，要使恰相密合，人家能览此而感彼，差不多全是修辞的效力。这归入第十章中讨究。

九　描　写

描写一事，于叙述、抒情最有关系，这二者大部是描写的工夫；即在议论，关于论调的风格、趣味等，也是描写的事；所以在这一章里讨究描写。

描写的目的是把作者所知所感密合地活跃地保存于文字中。同时对于读者就发生一种功效，就是读者得以真切了知作者所知，如实感受作者所感，没有误会、晦昧等缺憾。

我们对于一切事物，自山水之具象以至人心之微妙，时相接触，从此有所觉知，有所感动，都因为有一个印象进入我们的心。既然如此，要密合而且活跃地描写出来，惟有把握住这一个印象来描写。描写这个印象，只有一种最适当的说法，正如照相器摄取景物，镜头只有一个最适当的焦点一样；除了这一种说法，旁的说法就差一点了。

所以找到这一种最适当的说法，是描写应当努力的。

先论描写当前可见的境界。当前可见的境界给与我们一个什么印象呢？不是像一幅画图的样子吗？画家要把它描写出来，就得相定位置，审视隐现，依光线的明暗、空气的稀密，使用各种彩色，适当地涂在画幅下。如今要用文字来描写它，也得采用绘画的方法，凡是画家所经心的那些条件，也得一样地经心。我们的彩色就只是文字；而文字组合得适当，选用得恰好，也能把位置、隐现等都描写出来，保存个完美的印象。①

史传里边叙述的是以前时代的境界。如小说里边叙述的是出于虚构的境界，都不是当前可见的。但是描写起来也以作者曾有的印象为蓝本。作者把曾有的印象割裂或并合，以就所写的题材，那是有的，而决不能完全脱离印象。完全脱离了便成空虚无物，更从哪里去描写呢？②

以上是说以静观境界，也以静写境界。也有些时候，我们对于某种境界起了某种情感，所得的印象就不单是一幅画图了，这画图中

---

① 我们读柳宗元的《小石潭记》："……伐竹取道。下见小潭，水尤清冽，全石以为底。近岸，卷石底以出，为坻，为屿，为嵁，为岩。青树、翠蔓蒙络摇缀，参差披拂。潭中鱼可百许头，皆若空游无所依。日光下澈，影布石上，怡然不动。俶尔远逝，往来翕忽，似与游者相乐。潭西南而望，斗折蛇行，明灭可见，其岸势犬牙差互，不可知其源。……"哪有不觉得他所得的印象鲜明地展示在我们面前呢？

② 如《域外小说集》中《月夜》一篇，写月夜郊园，非常妙美，其实是作者曾有的印象："小园浴月，果树成行，小枝无叶，疏影横路。有忍冬一树，攀附墙上，即发清香，仍有花魂——飞舞温和夜气中也……瞻望四野，皎然一白，碧空无云，夜气柔媚。蛙蛤乱鸣，声声相续，如击金石。月光冶美，足移人情……更进，则有小溪曲流，水次列白杨数树。薄雾朦胧，承月光转为银白，上下弥曼，遍罩水曲，若被冰绡。"

还搀和着我们的情感的分子。假如也只像平常绘画这样写出来，那就不能把捉住这个印象。必须融和别一种彩色在原用的彩色里（这就是说把情感融入描写用的文字），才能把它适当地表现出来。①

次论描写人物。人有个性，各个不同，我们得自人物的印象也各个不同。就显然的说，男女、老幼、智愚等各有特殊的印象给我们；就是同是男或女，同是老或幼，同是智或愚，也会给我们特殊的印象。描写人物，假若只就人的共通之点来写，则只能保存人的类型，不能表现出某一个人。要表现出某一个人，须抓住他给予我们的特殊的印象。如容貌、风度、服饰等，是显然可见的。可同描写境界一样，用绘画的方法来描写。至于内面的性情、理解等，本是拿不出本体来的，也就不会直接给我们什么印象。必须有所寄托，方才显出来，方才使我们感知。而某一个人的性情、理解等往往寄托于他的动作和谈话。所以要描写内面，就得着力于这二者。

在这里论描写而说到动作，这动作不是指一个人做的某一件事。在一件事里，固然大可以看出一个人的内面，但保存一件事在文字里是叙述的事情。这里的动作单指人身的活动；如举手、投足、坐、卧、哭、啼之类而言。这些活动都根于内面的活动，所以不可轻易放过，要把它们仔细描写出来。只要抓得住这人的特殊的动态，就把这人的

---

① 如《水经注》描写巫峡这地方，"每至晴初霜旦，林寒涧肃，常有高猿长啸，属引凄异，空谷传响，哀转久绝"。说到"肃、凄异、哀转"，就融入作者的情感了。

内面也抓住了。①

描写动作，要知道这人有这样的动作时所占的空间与时间。如其当前描写，空间与时间都是明白可知的，那还不十分重要。但是作文里的人物往往不能够当前描写，如历史与小说中的人物，怎么能够当前描写呢？这就非注意空间与时间不可了。关于空间，我们可于意想中划定一处地方，这个地方的方向、设置都要认清楚；譬如布置一个舞台，预备演剧者在上面活动。然后描写主人翁的动作。他若是坐，就有明确的向背；他若是走，就有清楚的踪迹。这还是就最浅的讲呢。总之，惟能先划定一个空间，方使所描写的主人翁的动作——都有着落，内面的活动——与外面的境界相应。关于时间，我们可于意想中先认定一个季节、一个时刻，犹如编作剧本，注明这幕戏发生于什么时候一样。然后描写主人翁的动作。一个动作占了若干时间，一总的动作是怎样的次第，就都可以有个把握。这才合乎自然，所描写的确实表现了被描写的。②

在这里论到的谈话，不是指整篇的谈话，是指语调、语气等而言。在这些地方正可以表现出各人的内面，所以我们不肯放过，要仔细描写出来。这当儿最要留意的：我们不要用自己谈话的样法来写，要用文中主人翁谈话的样法来写，使他说自己的话，不蒙着作者的色彩。就是描写不是当前的人物，也当想象出他的样法，让他说自己的话。

---

① 如《史记·项羽本纪》写樊哙："哙即带剑拥盾入军门。交戟之卫士欲止不内。樊哙侧其盾以撞，卫士仆地。哙遂入，披帷西向立，瞋目视项王，头发上指，目眦尽裂。"我们读此，就认识樊哙了。

② 描写人物也有笼统地写，不划定空间、时间的，那又当别论。

在对话中，尤其用得到这一种经心。果能想象得精，把捉得住，往往在两三语中就把人物的内面活跃地传状出来了。[①]

至于议论文，那就纯是我们自己说话了。所以又只当用自己的样法来写，正同描写他人一样。

以上是分论描写境界和人物。而在一些叙述文里，特别是在多数的抒情文里，境界与人物往往是分不开的。境界是人物的背景；人物是境界的摄影者，一切都从他的摄取而显现出来。于是描写就得双方兼顾。这大概有两种趋向：一是境界与人物互相调和的，如清明的月夜，写情人的欢爱；苦雨的黄昏，写寄客的离绪。这就见得彼此成个有机的结合，情与境都栩栩有生气。一是境界与人物不相调和的，如狂欢的盛会，中有感愤的独客；肮脏的社会，却有卓拔的佳士。这就见得彼此绝然相反，而人物的性格却反衬得十分明显。这二者原没有优劣之别，我们可就题材之自然，决定从哪一种趋向。描写对应当注意的范围却扩大了；除却人物的个性以外，如自然界的星、月、风、云、气候、光线、声音、动物、植物、人为的建筑、器物等，都要出力地描写，才得表现出这个调和或不调和来。

末了，我们要记着把握住印象是描写的根本要义。恰当地把握得住，具体地诉说得出，描写的能事已尽了。从反面看，就可知不求

---

① 如《史记·平原君列传》写毛遂定从一段："十九人谓毛遂曰：'先生上。'毛遂按剑历阶而上，谓平原君曰：'从之利害，两言而决耳。今日出而言从，日中不决，何也？'楚王谓平原君曰：'客何为者也？'平原君曰：'是胜之舍人也。'楚王叱曰：'胡不下？吾乃与而君言，汝何为者也？'毛遂按剑而前曰：'……吾君在前，叱者何也？……吾君在前，叱者何也？'"诸人的短语都表现出内面的心情。

之自己的印象，却从别人的描写法里学习描写，是间接的、寡效的办法。如其这么做，充其量也不过成了一件复制品。而自己的印象仿佛一个无尽的泉源，时时会有新鲜的描写流出来。[1]

十　修　辞

现在要讨究造句用词了。我们所有的情思化成一句句话，从表现的效力讲，从使人家明了且感动的程度讲，就有强弱、适当不适当的差异。有的时候，写作的人并不加什么经心，纯任自然，直觉地感知当怎么写便怎么写，却果真写到刚合恰好的地步。但是有的时候，也可特意地经心去发见更强、更适当的造句用词的方法。不论是出于不自觉的或是出于特意的，凡是使一句句的话达到刚合恰好的地步，我们都称为修辞的功夫。

修辞的功夫所担负的就是要一句话不只是写下来就算，还要成为表达这意思的最适合的一句话。如是说明的话，要使它最显豁；如是指像的话，要使它最妙肖；意在刺激，则使它具有最强的刺激力；意在描摹，则使它含着最好的生动态；……因为要达到这些目的，往往把平常的说法改了，别用一种变格的说法。[2]

变格的说法有一种叫取譬。拿别一件事物来譬喻所说的事物，拿别一种动态来譬喻所说的动态，就是取譬。因为有时我们所说及的事

---

[1] 如《现代日本小说集》中《金鱼》一篇中"一到街上卖金鱼的这样青的长雨的时节"，这"青的雨"是作者从自己的印象中得来的新鲜的描写。

[2] 如"素月流天"一语，这"流"字就是变格的说法。

物是不大容易指示的，所说及的动态是不能直接描绘的，所以只有用别的、不同的事物和动态来譬喻。从此就可以悟出取譬的条件：所取譬的虽然与所说的不同，但从某一方面看，它们定须有极相似处，否则失却譬喻的功用，这是一。[①]所取譬的定须比所说的明显而具体，这才合于取譬的初愿，否则设譬而转入晦昧，只是无益的徒劳而已，这是二。凡能合于这两个条件的就是适合的好譬喻。[②]

怎么能找到这等适合的好譬喻呢？这全恃作者的想象力；而想象力又不是凭空而至的，全恃平时的观察与体味而来。平时多为精密的观察、深入的体味，自会见到两件不同的事物的极相似处、两种不同的动态的可会通处，而且以彼视此，则较为明显而具体。于是找到适合的好譬喻了。

有的时候，我们触事接物，仿佛觉得那些没有知觉、情感的东西都是有知觉、情感的。有的时候，我们描写境界，又觉得环绕我们的境界都披着我们的情感的色彩。有的时候，我们描写人物，同时又给所写的境界披上人物的情感的色彩。这些也都来源于想象力；说出具体的话，写成征实的文句，就改变了平常的法则。[③]从事描写，所

---

① 《史记·刺客列传》载樊於期逃亡到燕国，太子丹容纳了他。鞠武以为不可。当时燕国这么弱，此事又足以激起秦国欲吞之心，正如投肉引虎，以毛抵火。所以鞠武用"委肉当饿虎之蹊""以鸿毛燎于炉炭之上"两语为喻。

② 只看上一个例，觉得两句譬喻把危险的情形明显且具体地表达出来了。所以它们是好譬喻。

③ 如说"天容愁惨"，这就把天真当作有情感的东西了。从实际讲，天容哪有愁惨不愁惨呢？又如说"胡笳互动，牧马悲鸣"，李陵把声音披上自己的情感的色彩了。从实际讲，他哪里会知道牧马因悲而鸣、鸣得很悲呢？

谓以境写人、以境写情等，就在能够适当地使用这类的语句。

更有一种来源于想象的修辞法，可以叫作夸饰，就是言过其实，涉于夸大。这要在作者的意中先存着"差不多这样子"的想象；而把它写下来，又会使文字更具刺激和感动的力量，才适宜用这个方法。尤当注意的，一方面要使读者受到它的刺激和感动，一方面又要使读者明知其并非真实。[①]惟其如此，所以与求诚不相违背，而是修辞上可用的方法。

变格的说法有时是从联想来的。因了这一件，联想到那一件，便不照这一件本来的说，却拿联想到的那一件来说，这是常有的事。但从修辞的观点讲，也得有条件才行。条件无非同前边取譬、夸饰一样，要更明显、更具体，更有刺激和感动的力量，才可以用。[②]惟其得自作者真实的联想，又合于增加效力的条件，就与所谓隶事、砌典不同。因为前者出于自然，后者出于强饰。出于强饰的隶事、砌典并非修辞，只是敷衍说话而已。王国维论作词用代字，说"其所以然者，非意不足，则语不妙也"，又说，"果以是为工，则古今类书具在，又安用词为耶？"[③]最是痛切的议论。

要在语句的语气、神情中间达出作者特殊的心情、感觉，往往

---

① 如鲁迅《一件小事》，叙述一个车夫扶着受伤的老女人向巡警分驻所去，接着写作者的感想："我这时突然感到一种异样的感觉，觉得他满身灰尘的后影，刹时高大了，而且愈走愈大，须仰视才见。"这是夸大的说法，可使读者感到作者对于这"满身灰尘的后影"的感动，同时又使读者明知其并非真实，所以是好的修辞。

② 如不说老人而说联想到的"白头"，不说稚子而说联想到的"垂髫"，很可把老和幼的特点明显且具体地表达出来，类此的都可用。

③ 见《人间词话》。

改变了平常的说法，这也是修辞。如待读者自己去寻思，则出于含蓄，语若此而意更深；不欲直捷地陈说，则出于纡婉，语似淡而意却挚；意在讽刺，则出以反语、舛辞；情感强烈，则出以感叹、叠语。[①] 这些都并非出于后添的做作，而是作者认理真确，含情恳切，对于这等处所，都会自然地写出个最适合的说法。

看了上面一些意思，可以知道从事修辞，有两点必须注意。一点是求之于己；因为想象、联想、语句的语气、神情等，都是我们自己的事情。又一点是估定效力；假若用了这种修辞而并不见得达到刚合恰好的地步，那就宁可不用。现成的修辞方法很多，在所有的文篇里都含蓄着；但是我们不该采来就用，因为它们是别人的。求之于己，我们就会铸出许多新鲜的为我们所独有的修辞方法；有时求索的结果也许与别人的一样，我们运用它，却与贸然采用他人者异致。更因出于自己，又经了估计，所以也不致有陈腐、不切等弊病。

1929 年 10 月发表

---

① 如不说"贵在能行"，而说"非知之艰，行之惟艰"，便是含蓄。弦高不向秦军说"你们将去袭取郑国"，而说"寡君闻吾子将步师出于敝邑……"便是纡婉。《史记·滑稽列传》优孟谏楚庄王以大夫礼葬所爱马，而说"以大夫礼葬之，薄，请以人君礼葬之"，优旃谏秦二世漆其城，而说"佳哉，漆城荡荡，寇宋不得上"都是反语。感叹语之例可以不举。

写作什么

  国文科牵涉的事项很多，这儿只讲一点关于写作的话。分两次讲，这一次的题目是《写作什么》，下一次的题目是《怎样写作》。我的话对于诸位不会有直接的帮助，我只希望能有间接的帮助。就是说，诸位听了我的话，把应该留心的留心起来，把应该避忌的随时避忌，什么方面应该用力就多多用力，什么方面不必措意就不去白费心思。这样经过相当的时候，写作能力自然渐渐增进了。

  诸位现在写作，大概有以下的几个方面：国文教师按期出题目，教诸位练习，就要写作了；听了各门功课，有的时候要作笔记，做了各种试验，有的时候要作报告，就要写作了；游历一处地方，想把所见所闻以及感想记下来，离开了家属和亲友，想把最近的生活情形告诉他们，就要写作了；有的时候有种种观感凝结成一种意境，觉得要把这种意境化为文字，心里才畅快，也就要写作了。

以上几方面的写作材料都是诸位生活里原有的，不是从生活以外去勉强找来的。换句话说，这些写作材料都是自己的经验。我们平时说话，从极简单的日常用语到极繁复的对于一些事情的推断和评论，都无非根据自己的经验。因为根据经验，说起来就头头是道，没有废话，没有瞎七搭八的无聊话。如果超出了经验范围，却去空口说白话，没有一点天文学的知识，偏要讲星辰怎样运行，没有一点国际政治经济的学问，偏要推断意阿战争、海军会议的将来，一定说得牛头不对马嘴，徒然供人家作为嗤笑的资料。一个人如有自知之明，总不肯做这样的傻事，超出自己的经验范围去瞎说。他一定知道自己有多少经验，什么方面他可以说话，什么方面他不配开口。在不配开口的场合就不开口，这并不是难为情的事，而正是一种诚实的美德。经验范围像波纹一样，越来越扩大。待扩大到相当的时候，本来不配开口的配开口了，那才开口，也并不嫌迟。作文原是说话的延续，用来济说话之穷，在说话所及不到的场合，就作文。因此作文自然应该单把经验范围以内的事物作为材料，不可把经验范围以外的事物勉强拉到笔底下来。照诸位现在写作的几个方面看，所有材料都是自己的经验，这正是非常顺适的事。顺着这个方向走去，是一条写作的平坦大路。

　　这层意思好像很平常，其实很重要。因为写作的态度就从这上边立定下来。知道写作原是说话的延续，写作材料应该以自己的经验为范围，这就把写作看作极寻常可是极严正的事。人人要写作，正同人人要说话一样，岂不是极寻常？不能超出自己的经验，不能随意乱道，岂不是极严正？这种态度是正常的，抱着这种态度的人，写作对于他是一种有用的技能。另外还有一种态度，把写作看作极特殊可是极随便的事。拿从前书塾里的情形来看，更可以明白。从前书塾里，学生并不个个作文。将来预备学工业、商业的，读了几年书认识一些字也就算了，只有预备应科举的几个才在相当的时候开始作文。开始作文称为"开笔"，那是一件了不得的事，开了笔的学生对先生要加送束脩，家长对人家说"我的孩子开笔了"，往往露出得意的笑容。这为什么呢？因为作了文可以应科举，将来的飞黄腾达都种因在这上边，所以大家都认为是一件极特殊的事，这特殊的事并且是属于少数人的。再看开了笔作些什么呢？不是《温故而知新说》就是《汉高祖论》之类。新呀故呀翻来覆去缠一阵就算完了篇；随便抓住汉高祖的一件事情，把他恭维一顿，或者唾骂一顿，也就算完了篇。这些材料大部分不是自己的经验，无非仿效别人的腔调，堆砌一些毫不相干的意思，说得坏一点，简直是鹦鹉学舌，文字游戏。从这条路径发展下去，这就来了专门拼凑典故的文章，无病呻吟的诗词。自己的经验是这样，写出来却并不这样，或许竟是相反的那样。写作同实际生活脱离了关系，只成为装点生活的东西，又何贵乎有这种写作的技能呢？所以说，这种态度是极随便的。到现在，科举虽然废掉了，作文虽然从小学初年级就要开始，可是大家对于写作的态度还没有完全脱去从前的那种弊病。现在各个学生要作文，固然不再是少数人的特殊的事，但是往往听见学生说"我没有意思，没有材料，拿起笔简直写不出什么来"，或者说："今天又要作文了，真是讨厌！"这些话表示一种误解，以为作文是学校生活中的特殊的事，而且须离开自己的经验去想意思，去找材料，自己原有的经验好像不配作为意思、不配充当材料似的。再从这里推想开去，又似乎所谓意思、所谓材料是一种说来很好听、写来很漂亮但不和实际生活发生联系的花言巧语。这种花言巧语必须费很大的力气去搜寻，像猎犬去搜寻潜伏在山林中的野兽。搜寻未必就能得到，所以拿起笔写不出什么来，许多次老写不出什么来，就觉得作文真是一件讨厌的事。进一步说，抱着这样的态度作文，即使能够写出什么来，也不是值得欢慰的事。因为作文决不是把一些很好听、很漂亮的花言巧语写在纸上就算完事的，必须根据经验，从实际生活里流注出来，那才合乎所要作文的本意。离开了自己的经验而去故意搜寻，虽然搜寻的功夫也许很麻烦，但是不能不说他把作文看得太随便了。把作文看得特殊又看得随便的态度使作文成为一种于人生无用的技能。这种态度非改变不可。诸位不妨自己想想：我把作文认作学校生活中的特殊的事吗？我离开了自己的经验故意去搜寻虚浮的材料吗？如果不曾，那就再好没有。如果确曾这样，而且至今还是这样，那就请立刻改变过来，改变为正当的态度，就是把作文看得寻常又看得严正的态度。抱着正当的态度的人决不会说没有意思、没有材料，因为他决不会没有经验，经验就是他的意思和材料。他又决不会说作文真是讨厌的事，因为作文是他生活中的一个项目，好比说话和吃饭各是生活中的一个项目，无论何人决不会说说话和吃饭真是讨厌。

以上说了许多话，无非说明写作材料应以自己的经验为范围。诸位现在写作的几方面原都不出这个范围，只要抱正当的态度，动一回笔自然得到一回实益。诸位或者要问："教师命题作文，恐怕不属于我们的经验范围以内吧。"我可以这样回答，凡是贤明的国文教师，他出的题目应当不超出学生的经验范围，他应当站在学生的立脚点上替学生设想，什么材料是学生经验范围内的，是学生所能写的、所要写的，经过选择才定下题目来。这样，学生同写一封信、作一篇游记一样，仍然是为着发表自己的经验而写作，同时又得到了练习的益处。我知道现在的国文教师贤明的很多，他们根据实际的经验和平时的研究，断不肯出一些离奇的题目，离开学生的经验十万八千里，教学生搔头摸耳，叹息说没有意思、没有材料的。自然，也难免有一些教师受习惯和环境的影响，出的题目不很适合学生的胃口，我见过的《学而时习之论》就是一个例子。我若是学生，就不明白这个题目应该怎样地论。学而时习之，照常识讲，是不错的。除了说这个话不错以外，还有什么可说呢？这种题目，从前书塾里是常出的，现在升学考试和会考也间或有类似的题目。那位教师出这个题目，大概就由于这两种影响。诸位如果遇见了那样的教师，只得诚诚恳恳地请求他，说现在学会作这样的题目，只有逢到考试也许有点用处，在实际生活中简直没有需要作这样题目的时候。即使您先生认为预备考试的偶尔有用也属必要，可否让我们少作几回这样题目，多作几回发表自己经验的文章？这样的话很有道理，并不是什么非分的请求。有道理的话，谁不愿意听？我想诸位的教师一定会依从你们的。

再说经验有深切和浅薄的不同，有正确和错误的不同。譬如我们走一条街道，约略知道这条街道上有二三十家店铺，这不能不算是经验。但是我们如果仔细考察，知道这二三十家店铺属于哪一些部门，哪一家的资本最雄厚，哪一家的营业最发达，这样的经验比前面的经验深切多了。又譬如我们小时候看见月食，老祖母就告诉我们，这是野月亮要吞家月亮，若不敲锣打鼓来救，家月亮真个要被吃掉的。我们听了记在心里，这也是我们的经验，然而是错误的。后来我们学了地理，懂得星球运行的大概，才知道并没有什么野月亮，更没有吞食家月亮这回事，那遮没了月亮的原来是地球的影子。这才是正确的经验。这不过是两个例子，此外可以依此类推。我们写作，正同说话一样，总希望写出一些深切的、正确的经验，不愿意涂满一张纸的全是一些浅薄的、错误的经验。不然，就是把写作看得太不严正，和我们所抱的态度违背了。

单是写出自己的经验还嫌不够，要更进一步给经验加一番洗炼的功夫，才真正做到下笔绝不随便，合乎正当的写作态度。不过这就不止是写作方面的事了，也不止是国文科和各学科的事，而是我们整个生活里的事。我们每天上课、看书、劳作、游戏，随时随地都在取得经验，而且使经验越来越深切，越来越正确。这并不是为作文才这样做，我们要做一个有用的人，要做一个健全的公民，就不得不这样做。这样做同时给写作开了个活的泉源，从这个泉源去汲取，总可以得到澄清的水。所怕的是上课不肯好好地用功，看书没有选择又没有方法，劳作和游戏也只是随随便便，不用全副精神对付，只图敷衍过去就算，这样，经验就很难达到深切和正确的境界。这样的人做任何事都难做好，当然不能称为有用，当然够不上叫作健全的公民。同时他的写作的泉源干涸了，勉强要去汲取，汲起来的也是一盏半盏混着泥的脏水。写作材料的来源普遍于整个生活里，整个生活时时在那里向上发展，写作材料自会滔滔汩汩无穷尽地流注出来，而且常是澄清的。有些人不明白这个道理，以为写作只要伏在桌子上拿起笔来硬干就会得到进步，不顾到经验的积累和洗炼，他们没想到写作原是和经验纠结而不可分的。这样硬干的结果也许会偶尔写成一些海市蜃楼那样很好看的文字，但是这不过是一种毫无实用的玩意儿，在实际生活里好比赘瘤。这种技术是毫无实用的技术。希望诸位记着写作材料的来源普遍于整个的生活，写作固然要伏在桌子上，写作材料却不能够单单从伏在桌子上取得。离开了写作的桌子，上课、看书、劳作、游戏，刻刻认真，处处努力，一方面是本来应该这么做，另一方面也就开凿了写作材料的泉源。

现在来一个结束。写作什么呢？要写出自己的经验。经验又必须深切，必须正确，这要从整个生活里去下功夫。有了深切的正确的经验，写作就不愁没有很好的材料了。

1935 年 12 月 5 日讲。

怎样写作

这一次讲的题目是《怎样写作》。怎样写作，现在有好些作文法一类的书，讲得很详细。不过写作的时候，如果要临时翻查这些书，——按照书里说的做去，那就像一手拿着烹饪讲义一手做菜一样，未免是个笑话了。这些书大半从现成文章里归纳出一些法则来，告诉大家怎样怎样写作是合乎法则的，也附带说明怎样怎样写作是不合乎法则的。我们有了这些知识，去看一般文章就有了一枝量尺。不但知道某一篇文章好，还说得出好在什么地方；不但知道某一篇文章不好，还说得出不好在什么地方。自然，这些知识也能影响我们的写作习惯，可是这种影响只在有意无意之间。写文章，往往会在某些地方写得不合法则，有了作文法的知识，就会觉察到那些不合法则的地方。于是特地留心，要把它改变过来。这特地留心未必马上就有成效，或许在三次里头，两次是改变过来了，一次却依然犯了老毛病。必须从特地留心成为不待经意的习惯，才能每一次都合乎法则。所以作文法一类书对于增强我们看文章的眼力有些直接的帮助，对于增强我们写文章的腕力只有间接的帮助。所以光看这一类书未必就能把文章写好。如果临到作文而去翻查这些书，那更是毫无实益的傻事。

诸位现在都写语体文。语体文的最高境界就是文章同说话一样。写在纸上的一句句的文章，念起来就是口头的一句句的语言，叫人家念了听了，不但完全明白文章的意思，还能够领会到那种声调和神气，仿佛当面听那作文的人亲口说话一般。要达到这个境界，不能专在文字方面做功夫，最要紧的还在锻炼语言习惯。因为语言好比物体的本身，文章好比给物体留下一个影像的照片，物体本身完整而有式样，拍成的照片当然完整而有式样。语言周妥而没有毛病，按照语言写下来的文章当然也周妥而没有毛病了。所以锻炼语言习惯是寻到根源去的办法。不过有一句应当声明，语言习惯是本来要锻炼的。一个人生活在人群中间，随时随地都有说话的必要，如果语言习惯上有了缺点，也就是生活技能上有了缺点，那是非常吃亏的。把语言习惯锻炼得良好，至少就有了一种极关重要的生活技能。对于作文，这又是一种最可靠的根源。我们怎能不努力锻炼呢？

现在小学里有说话的科目，又有演讲会、辩论会等的组织，中学里，演讲会和辩论会也常常举行。这些都是锻炼语言习惯的。参加这种集会，仔细听人家说的话，往往会发现以下的几种情形。说了半句话，缩住了，另外换一句来说，和刚才的半句话并没有关系，这是一种。"然而""然而"一连串，"那么""那么"一大堆，照理用一个就够了，因为要延长时间，等待着想下面的话，才说了那么许多，这是一种。应当"然而"的地方不"然而"，应当"那么"的地方不"那么"，只因为这些地方似乎需要一个词，可是想不好该用什么词，无可奈何，就随便拉一个来凑数，这是一种。有一些话听去很不顺耳，仔细辨辨，原来里头有几个词用得不妥当，不然就是多用了或者少用了几个词，这又是一种。这样说话的人，他平时的语言习惯一定不很好，而且极不留心去锻炼，所以在演讲会、辩论会里就把弱点表露出来了。若叫他写文章，他自然按照自己的语言习惯写，那就一定比他的口头语言更难使人明白。因为说话有面部的表情和身体的姿势作为帮助，语言虽然差一点，还可以使人家大体明白。写成文章，面部的表情和身体的姿势是写不进去的，让人家看见的只是支离破碎、前不搭后的一些文句，岂不叫人糊涂？我由于职务上的关系，有机会读到许多中学生的文章，其中有非常出色的，也有不通的。所谓不通，就是除了材料不健全、不妥当以外，还犯了前面说的几种毛病，语言习惯上的毛病。这些同学如果平时留心锻炼语言习惯，写起文章来就可以减少一些不通。加上经验方面的洗炼，使写作材料健全而妥当，那就完全通了。所谓"通"原来不是什么高不可攀的境界。

锻炼语言习惯要有恒心，随时随地当一件事做，正像矫正坐立的姿势一样，要随时随地坐得正、立得正才可以养成坐得正、立得正的习惯。我们要要求自己，无论何时不说一句不完整的话，说一句话一定要表达出一个意思，使人家听了都能够明白；无论何时不把一个不很了解的词硬用在语言里，也不把一个不很适当的词强凑在语言里。

我们还要要求自己，无论何时不乱用一个连词，不多用或者少用一个助词。说一句话，一定要在应当"然而"的地方才"然而"，应当"那么"的地方才"那么"，需要"吗"的地方不缺少"吗"，不需要"了"的地方不无谓地"了"。这样锻炼好像很浅近、很可笑，实在是基本的、不可少的。家长对于孩子，小学教师对于小学生，就应该教他们，督促他们作这样的锻炼。可惜有些家长和小学教师没有留意到这一层，或者留意到而没有收到相当的成效。我们要养成语言这个极关重要的生活技能，就只得自己来留意。留意了相当时间之后，就能取得锻炼的成效。不过要测验成效怎样，从极简短的像"我正在看书""他吃过饭了"这些单句上是看不出来的。我们不妨试说五分钟连续的话，看这一番话里能够不能够每句都符合自己提出的要求。如果能够了，锻炼就已经收了成效。到这地步，作起文来就不觉得费事了，口头该怎样说的笔下就怎样写，把无形的语言写下来成为有形的文章，只要是会写字的人，谁又不会做呢？依据的是没有毛病的语言，文章也就不会不通了。

听人家的语言，读人家的文章，对于锻炼语言习惯也有帮助。只是要特地留意，如果只大概了解了人家的意思就算数，对于锻炼我们的语言就不会有什么帮助了。必须特地留意人家怎样用词，怎样表达意思，留意考察怎样把一篇长长的语言顺次地说下去。这样，就能得到有用的资料，人家的长处我们可以汲取，人家的短处我们可以避免。

写语体文只是十几年来的事。好些文章，哪怕是有名的文章家写的，都还不纯粹是口头的语言。写语体文的技术还没有练到极纯熟的地步。不少人为了省事起见，往往凑进一些文言的调子和语汇去，成为一种不尴不尬的文体。刚才说过，语体文的最高境界就是文章同说话一样。所以这种不尴不尬的文体只能认为是过渡时期的产物，不能认为是十分完善的标准范本。这一点认清楚了，才可以不受现在文章的坏影响。但是这些文章也有长处，当然应该摹仿；至于不很纯粹的短处，就努力避免。如果全国中学生都向这方面用功夫，不但自己的语言习惯可以锻炼得非常好，还可以把语体文的文体加速地推进到纯粹的境界。

从前的人学作文章都注重诵读，往往说，只要把几十篇文章读得烂熟，自然而然就能够下笔成文了。这个话好像含有神秘性，说穿了道理也很平常，原来这就是锻炼语言习惯的意思。文言不同于口头语言，非但好多词不同，一部分语句组织也不同。要学不同于口头语言的文言，除了学这种特殊的语言习惯以外，没有别的方法。而诵读就是学这种特殊的语言习惯的一种锻炼。所以前人从诵读学作文章的方法是不错的。诸位若要作文言，也应该从熟读文言入手。不过我以为诸位实在没有作文言的必要。说语体浅文言深，先习语体，后习文言，正是由浅入深，这种说法也没有道理。文章的浅深该从内容和技术来决定，不在乎文体是语体还是文言。况且我们既是现代人，要表达我们的思想情感，在口头既然用现代的语言，在笔下当然用按照口头语言写下来的语体。能写语体，已经有了最便利的工具，为什么还要去学一种不切实用的文言？若说升学考试或者其他考试，出的国文题目往往有限用文言的，不得不事前预备，这实在由于主持考试的人太不明白。希望他们通达起来，再不要作这种故意同学生为难而毫没有实际意义的事。而在这种事还没有绝迹以前，诸位为升学计，为通过其他考试计，就只得分出一部分工夫来，勉力去学作文言。

以上说了许多话，无非说明要写通顺的文章，最要紧的是锻炼语言习惯。因为文章就是语言的记录，二者本是同一的东西。可是还得进一步，还不能不知道文章和语言两样的地方。前面说过，说话有面部的表情和身体的姿势作为帮助，但是文章没有这样的帮助，这就是两样的地方。写文章得特别留意，怎样适当地写才可以不靠这种帮助而同样可以使人家明白。两样的地方还有一些。如两个人闲谈，往往天南地北，结尾和开头竟可以毫不相关。就是正式讨论一个问题，商量一件事情，有时也会在中间加入一段插话，像藤蔓一样爬开去，完全离开了本题。直到一个人省悟了，说："我们还是谈正经话吧。"这才一刀截断，重又回到本题。作文章不能这样。文章大部分是预备给人家看的，小部分是留给自己将来查考的，每一篇都有一个中心，没有中心就没有写作的必要。所以写作只该把有关中心的话写进去，而且要配列得周妥，使中心显露出来。那些漫无限制的随意话，像藤蔓一样爬开去的枝节话，都该剔除得干干净净，不让它浪费我们的笔墨。又如用语言讲述一件事情，往往噜噜苏苏，细大不捐；传述一场对话，更是照样述说，甲说什么，乙说什么，甲又说什么，乙又说什么。作文章不能这样。文章为求写作和阅读双方的省事，最要讲究经济。一篇文章，把紧要的话都漏掉，没有显露出什么中心来，这算不得经济。必须把紧要的话都写进去，此外再没有一句噜苏的话。正像善于用钱的人一样，不该省钱的地方决不妄省一个钱，不该费钱的地方决不妄费一个钱，这才够得上称为经济。叙述一件事情，得注意详略。对于事情的经过不作同等分量的叙述，必须叫人家详细明白的部分不惜费许多笔墨，不必叫人家详细明白的部分就一笔带过。如果记人家的对话，就得注意选择。对于人家的语言不作照单全收的记载，足以显示其人的思想、识见、性情等的才入选，否则丢开无妨。又如说话往往用本土的方言以及本土语言的特殊调子。作文章不能这样。文章得让大家懂，得预备给各地的人看，应当用各地通行的语汇和语调。本土的语汇和语调必须淘汰，才可以不发生隔阂的弊病。以上说的是文章和语言两样的地方。知道了这几层，也就知道作文技术的大概。由知识渐渐成为习惯，作起文来就有记录语言的便利而没有死板地记录语言的缺点了。

现在来一个结束。怎样写作呢？最要紧的是锻炼我们的语言习惯。语言习惯好，写的文章就通顺了。其次要辨明白文章和语言两样的地方，辨得明白，能知能行，写的文章就不但通顺，而且是完整而无可指摘的了。

1935 年 12 月 7 日在中央电台播讲。

刊《中学生》杂志 61 号，署名叶绍钧。

开头和结尾

　　写一篇文章，预备给人家看，这和当众演说很相像，和信口漫谈却不同。当众演说，无论是发一番议论或者讲一个故事，总得认定中心，凡是和中心有关系的才容纳进去，没有关系的，即使是好意思、好想象、好描摹、好比喻，也得丢掉。一场演说必须是一件独立的东西。信口漫谈可就不同。几个人的漫谈，话说得像藤蔓一样爬开来，一忽儿谈这个，一忽儿谈那个，全体没有中心，每段都不能独立。这种漫谈本来没有什么目的，话说过了也就完事了。若是抱有目的，要把自己的情意告诉大家，用口演说也好，用笔写文章也好，总得对准中心用功夫，总得说成或者写成一件独立的东西。不然，人家就会弄不清楚你在说什么写什么，因而你的目的就难达到。

　　中心认定了，一件独立的东西在意想中形成了，怎样开头、怎样结尾原是很自然的事，不用费什么矫揉造作的功夫了。开头和结尾也

235

是和中心有关系的材料，也是那独立的东西的一部分，并不是另外加添上去的。然而有许多人往往因为习惯不良或者少加思考，就在开头和结尾的地方出了毛病。在会场里，我们时常听见演说者这么说："兄弟今天不曾预备，实在没有什么可以说的。"演说完了，又说："兄弟这一番话只是随便说说的，实在没有什么意思，请诸位原谅。"谁都明白，这些都是谦虚的话。可是，在说出来之前，演说者未免少了一点思考。你说不曾预备，没有什么可以说的，那么为什么要踏上演说台呢？随后说出来的，无论是只言两语或者长篇大论，又算不算"可以说的"呢？你说随便说说，没有什么意思，那么刚才的一本正经，是不是逢场作戏呢？自己都相信不过的话，却要说给人家听，又算是一种什么态度呢？如果这样询问，演说者一定会爽然自失，回答不出来。其实他受的习惯的累，他听见人家都这么说，自己也就这么说，说成了习惯，不知道这样的头尾对于演说是没有帮助反而有损害的。不要这种无谓的谦虚，删去这种有害的头尾，岂不干净而有效得多？还有，演说者每每说："兄弟能在这里说几句话，十分荣幸。"这是通常的含有礼貌的开头，不能说有什么毛病。然而听众听到，总不免想："又是那老套来了。"听众这么一想，自然而然把注意力放松，于是演说者的演说效果就跟着打了折扣。什么事都如此，一回两回见得新鲜，成为老套就嫌乏味。所以老套以能够避免为妙。演说的开头要有礼貌，应该找一些新鲜而又适宜的话来说。原不必按照公式，说什么"兄弟能在这里说几句话，十分荣幸"。

各种体裁的文章里头，书信的开头和结尾差不多是规定的。书信的构造通常分作三部分：除第二部分叙述事务，为书信的主要部分外，第一部分叫作"前文"，就是开头，内容是寻常的招呼和寒暄，第三部分叫作"后文"，就是结尾，内容也是招呼和寒暄。这样构造原本于人情，终于成为格式。从前的书信往往有前文后文非常繁复，竟至超过了叙述事务的主要部分的。近来流行简单的了，大概还保存着前文后文的痕迹。有一些书信完全略去前文后文，使人读了感到一种隽妙的趣味。不过这样的书信宜于寄给亲密的朋友。如果寄给尊长或者客气一点的朋友，还是依从格式，具备前文后文，才见得合乎礼谊。

记述文记述一件事物，必得先提出该事物，然后把各部分分项写下去。如果一开头就写各部分，人家就不明白你在说什么了。我曾经记述一位朋友赠我的一张华山风景片。开头说："贺昌群先生游罢华山，寄给我一张十二寸的放大片。"又如魏学洢的《核舟记》，开头说："明有奇巧人曰王叔远，能以径寸之木为宫室、器皿、人物以至鸟、兽、木、石，罔不因势象形，各具情态。尝贻余核舟一，盖大苏泛赤壁云。"不先提出"寄给我一张十二寸的放大片"以及"尝贻余核舟一"，以下的文字事实上没法写的。各部分记述过了，自然要来个结尾。像《核舟记》统计了核舟所有人物器具的数目，接着说"而计其长曾不盈寸，盖简桃核修狭者为之"，这已非常完整，把核舟的精巧表达得很明显的了。可是作者还要加上另外一个结尾，说：

> 魏子详瞩既毕，诧曰：嘻，技亦灵怪矣哉！《庄》《列》所载称惊犹鬼神者良多，然谁有游削于不寸之质而须麋了然者？假有人焉，举我言以复于我，亦必疑其诞，乃今亲

睹之、由斯以观，棘刺之端未必不可为母猴也。嘻，技亦
灵怪矣哉！

这实在是画蛇添足的勾当。从前人往往欢喜这么做，以为有了这一发挥，虽然记述小东西，也可以即小见大。不知道这么一个结尾以后的结尾无非说明那个桃核极小而雕刻极精，至可惊异罢了。而这是不必特别说明的，因为全篇的记述都暗示着这层意思。作者偏要格外讨好，反而教人起一种不统一的感觉。我那篇记述华山风景片的文字，没有写这种"结尾以后的结尾"，在写过了照片的各部分之后，结尾说："这里叫作长空栈，是华山有名的险峻处所。"用点明来收场，不离乎全篇的中心。

叙述文叙述一件事情，事情的经过必然占着一段时间，依照时间的顺序来写，大致不会发生错误。这就是说，把事情的开端作为文章的开头，把事情的收梢作为文章的结尾。多数的叙述文都用这种方式，也不必举什么例子。又有为要叙明开端所写的事情的来历和原因，不得不回上去写以前时间所发生的事情。这样把时间倒错了来叙述，也是常见的。如丰子恺的《从孩子得到的启示》，开头写晚上和孩子随意谈话，问他最欢喜什么事，孩子回答说是逃难。在继续了一回问答之后，才悟出孩子所以喜欢逃难的缘故。如果就此为止，作者固然明白了，读者还没有明白。作者要使读者也明白孩子为什么欢喜逃难，就不得不用倒错的叙述方式，回上去写一个月以前的逃难情形了。在近代小说里，倒错叙述的例子很多，往往有开头写今天的事情，而接下去却写几天前、几月前、几年前的经过的。这不是故意弄什么花巧，

大概由于今天这事情来得重要，占着主位，而从前的经过处于旁位，只供点明脉络之用的缘故。

说明文大体也有一定的方式。开头往往把所要说明的事物下一个诠释，立一个定义。例如说明"自由"，就先从"什么叫作自由"入手。这正同小学生作"房屋"的题目用"房屋是用砖头木材建筑起来的"来开头一样。平凡固然平凡，然而是文章的常轨，不能说这有什么毛病。从下诠释、立定义开了头，接下去把诠释和定义里的语义和内容推阐明白，然后来一个结尾，这样就是一篇有条有理的说明文。蔡元培的《我的新生活观》可以说是适当的例子。那篇文章开头说：

> 什么叫作旧生活？是枯燥的，是退化的。什么叫作新
>
> 生活？是丰富的，是进步的。

这就是下诠释、立定义。接着说旧生活的人不做工又不求学，所以他们的生活是枯燥的，退化的，新生活的人既要做工又要求学，所以他们的生活是丰富的，进步的。结尾说如果一个人能够天天做工求学，就是新生活的人；一个团体里的人能够天天做工求学，就是新生活的团体；全世界的人能够天天做工求学，就是新生活的世界。这见得做工求学的可贵，新生活的不可不追求。而写作这一篇的本旨也就在这里表达出来了。

再讲到议论文。议论文虽有各种，总之是提出自己的一种主张。现在略去那些细节且不说，单说怎样把主张提出来，这大概只有两种开头方式。如果所论的题目是大家周知的，开头就把自己的主张提出来，这是一种方式。譬如今年长江、黄河流域都闹水灾，报纸上每

天用很多篇幅记载各处的灾况，这可以说是大家周知的了。在这时候要主张怎样救灾、怎样治水，尽不妨开头就提出来，更不用累累赘赘先叙述那灾况怎样的严重。如果所论的题目在一般人意想中还不很熟悉，那就先把它述说明白，让大家有一个考量的范围，不至于茫然无知，全不接头，然后把自己的主张提出来，使大家心悦诚服地接受，这是又一种方式。胡适的《不朽》是这种方式的适当的例子。"不朽"含有怎样的意义，一般人未必十分了解，所以那篇文章的开头说：

> 不朽有种种说法，但是总括看来，只有两种说法是有区别的。一种是把"不朽"解作灵魂不灭的意思。一种就是《春秋左传》上说的"三不朽"。

这就是指明从来对于不朽的认识。以下分头揭出这两种不朽论的缺点，认为对于一般的人生行为上没有什么重大的影响。到这里，读者一定盼望知道不朽论应该怎样才算得完善。于是作者提出他的主张所谓"社会的不朽论"来。在列举了一些例证，又和以前的不朽论比较了一番之后，他用下面的一段文字作结尾：

> 我这个现在的"小我"，对于那永远不朽的"大我"的无穷过去，须负重大的责任；对于那永远不朽的"大我"的无穷未来，也须负重大的责任。我须要时时想着，我应该如何努力利用现在的"小我"，方才可以不辜负了那"大我"的无穷过去，方才可以不遗害那"大我"的无穷未来？

这是作者的"社会的不朽论"的扼要说明，放在末了，有引人注意、促人深省的效果。所以，就构造说，这实在是一篇完整的议论文。

普通文的开头和结尾大略说过了，再来说感想文、描写文、抒情文、记游文以及小说等所谓文学的文章。这类文章的开头，大致有冒头法和破题法两种。冒头法是不就触到本题，开头先来一个发端的方式。如茅盾的《都市文学》，把"中国第一大都市，'东方的巴黎'——上海一天比一天'发展'了"作为冒头，然后叙述上海的现况，渐渐引到都市文学上去。破题法开头不用什么发端，马上就触到本题。如朱自清的《背影》，开头说"我与父亲不相见已二年余了，我最不能忘记的是他的背影"，就是一个适当的例子。

曾经有人说过，一篇文章的开头极难，好比画家对着一幅白纸，总得费许多踌躇，去考量应该在什么地方下第一笔。这个话其实也不尽然。有修养的画家并不是画了第一笔再斟酌第二笔的，在一笔也不曾下之前，对着白纸已经考量停当，心目中早就有了全幅的布置了。布置既定，什么地方该下第一笔原是摆好在那里的事。作文也是一样。作者在一个字也不曾写之前，整篇文章已经活现在胸中了。这时候，该用什么方法开头，开头该用怎样的话，也都派定注就，再不必特地用什么搜寻的功夫。不过这是指有修养的人而言。如果是不能预先统筹全局的人，开头的确是一件难事。而且，岂止开头而已，他一句句一段段写下去将无处不难。他简直是盲人骑瞎马，哪里会知道一路前去撞着些什么？

文章的开头犹如一幕戏剧刚开幕的一刹那的情景，选择得适当，足以奠定全幕的情调，笼罩全幕的空气，使人家立刻把纷乱的杂念放下，专心一志看那下文的发展。如鲁迅的《秋夜》，描写秋夜对景的一些奇幻峭拔的心情，用如下的文句来开头：

在我的后园，可以看见墙外有两株树。一株是枣树，

还有一株也是枣树。

"还有一株也是枣树"是并不寻常的说法，拗强而特异，足以引起人家的注意，而以下文章的情调差不多都和这一句一致。又如茅盾的《雾》，用"雾遮没了正对着后窗的一带山峰"来开头，全篇的空气就给这一句凝聚起来了。以上两例都属于显出力量的一类。另有一种开头，淡淡着笔，并不觉得有什么力量，可是同样可以传出全篇的情调，范围全篇的空气。如龚自珍的《记王隐君》，开头说：

于外王父段先生废簏中见一诗，不能忘。于西湖僧经

箱中见书《心经》，蠹且半，如遇簏中诗也，益不能忘。

这个开头只觉得轻松随便，然而平淡而有韵味。一来可以暗示下文所记王隐君的生活，二来先行提出书法，可以作为下文访知王隐君的关键。仔细吟味，真有说不尽的妙趣。

现在再来说结尾。略知文章甘苦的人一定有这么一种经验：找到适当的结尾好像行路的人遇到了一处适合的休息场所，在这里他可以安心歇脚，舒舒服服地停止他的进程。若是找不到适当的结尾而勉强作结，就像行路的人歇脚在日晒风吹的路旁，总觉得不是个妥当的地方。至于这所谓"找"，当然要在计划全篇的时候做，结尾和开头及中部都得在动笔之前有了成竹。如果待临时再找，也不免有盲人骑瞎马的危险。

结尾是文章完了的地方，但结尾最忌的却是真个完了。要文字

虽完了而意义还没有尽，使读者好像嚼橄榄，已经咽了下去而嘴里还有余味；又好像听音乐，已经到了末拍而耳朵里还有余音，那才是好的结尾。归有光《项脊轩志》的跋尾既已叙述了他的妻子与项脊轩的因缘，又说了修葺该轩的事，末了说：

> 庭有枇杷树，吾妻死之年所手植也，今已亭亭如盖矣。

这个结尾很好。骤然看去，也只是记叙庭中的那株枇杷树罢了，但是仔细吟味起来，这里头有物在人亡的感慨，有死者渺远的惆怅。虽则不过一句话，可是含蓄的意义很多，所谓"余味""余音"，就指这样的情形而言。我曾经作过一篇题名《遗腹子》的小说，叙述一对夫妇只生女孩不生男孩，在绝望而纳妾之后，大太太居然生了一个男孩，不久那个男孩就病死了；于是丈夫伤心得很，一晚上喝醉了酒，跌在河里淹死了；大太太发了神经病，只说自己肚皮里又怀了孕，然而遗腹子总是不见产生。到这里，故事已经完毕，结句说：

> 这时候，颇有些人来为大小姐二小姐说亲了。

这句话有点冷隽，见得后一代又将踏上前一代的道路，生男育女，盼男嫌女，重演那一套把戏，这样传递下去，正不知何年何代才休歇呢。我又有一篇小说叫作《风潮》，叙述中学学生因为对一个教师的反感，做了点越轨行动，就有一个学生被除了名；大家的义愤和好奇心就此不可遏制，捣毁校具，联名退学，个个人都自视为英雄。到这里，我的结尾是：

> 路上遇见相识的人问他们做什么时，他们用夸耀的声气回答道："我们起风潮了！"

这样结尾把全篇停止在最热闹的情态上，很有点儿力量，"我们起风潮了!"这句话如闻其声，这里头含蓄着一群学生在极度兴奋时的种种心情。以上是我所写的两篇小说的结尾，现在附带提起，作为带有"余味""余音"的例子。

结尾有回顾开头的一式，往往使读者起一种快感：好像登山涉水之后，重又回到原来的出发点，坐定下来，得以转过头去温习一番刚才经历的山水一般。极端的例子是开头用的什么话结尾也用同样的话。如林嗣环的《口技》，开头说：

> 京中有善口技者。会宾客大宴，于厅事之东北隅施八尺屏幛，口技人坐屏幛中，一桌、一椅、一扇、一抚尺而已。

结尾说：

> 忽然抚尺一下，众响毕绝。撤屏视之，一人、一桌、一椅、一扇、一抚尺而已。

前后同用"一桌、一椅、一扇、一抚尺而已"，把设备的简单冷落反衬口技表演的繁杂热闹，使人读罢了还得凝神去想。如果只写到"忽然抚尺一下，众响毕绝"，虽没有什么不通，然而总觉得这样还不是了局呢。

1937 年夏季作，

编入与夏丏尊合著《文章讲话》（1939 年 5 月开明版）。

谈文章的修改

有人说，写文章只该顺其自然，不要在一字一语的小节上太多留意。只要通体看来没有错，即使带着些小毛病也没关系。如果留意了那些小节，医治了那些小毛病，那就像个规矩人似的，四平八稳，无可非议，然而也只成个规矩人，缺乏活力，少有生气。文章的活力和生气全仗信笔挥洒，没有拘忌，才能表现出来。你下笔多所拘忌，就把这些东西赶得一干二净了。

这个话当然有道理，可是不能一概而论。至少学习写作的人不该把这个话作为根据，因而纵容自己，下笔任它马马虎虎。

写文章就是说话，也就是想心思。思想，语言，文字，三样其实是一样。若说写文章不妨马虎，那就等于说想心思不妨马虎。想心思怎么马虎得？养成了习惯，随时随地都马虎地想，非但自己吃亏，甚至影响到社会，把种种事情弄糟。向来看重"修辞立其诚"，目的不在乎写成什么好文章，却在乎绝不马虎地想。想得认真，是一层。运用相当的语言文字，把那想得认真的心思表达出来，又是一层。两层功夫合起来，就叫作"修辞立其诚"。

学习写作的人应该记住，学习写作不单是在空白的稿纸上涂上一些字句，重要的还在乎学习思想。那些把小节小毛病看得无关紧要的人大概写文章已经有了把握，也就是说，想心思已经有了训练，偶尔疏忽一点，也不至于出什么大错。学习写作的人可不能与他们相比。正在学习思想，怎么能稍有疏忽？把那思想表达出来，正靠着一个字都不乱用，一句话都不乱说，怎么能不留意一字一语的小节？一字一语的错误就表示你的思想没有想好，或者虽然想好了，可是偷懒，没有找着那相当的语言文字：这样说来，其实也不能称为"小节"。说毛病也一样，毛病就是毛病，语言文字上的毛病就是思想上的毛病，无所谓"小毛病"。

修改文章不是什么雕虫小技，其实就是修改思想，要它想得更正确，更完美。想对了，写对了，才可以一字不易。光是个一字不易，那不值得夸耀。翻开手头一本杂志，看见这样的话："上海的住旅馆确是一件很困难的事，廉价的房间更难找到，高贵的比较容易，我们不敢问津的。"什么叫作"上海的住旅馆"？就字面看，表明住旅馆这件事属于上海。可是上海是一处地方，决不会有住旅馆的事，住旅馆的原来是人。从此可见这个话不是想错就是写错。如果这样想："在上海，住旅馆确是一件很困难的事。"那就想对了。把想对的照样写下来："在上海，住旅馆确是一件很困难的事。"那就写对了。不要说加上个"在"字、去掉个"的"字没有多大关系，只凭一个字的增减，就把错的改成对的了。推广开来，几句几行甚至整篇的修改也无非要把错的改成对的，或者把差一些的改得更正确，更完美。这样的修改，除了不相信"修辞立其诚"的人，谁还肯放过？

思想不能空无依傍，思想依傍语言。思想是脑子里在说话——说那不出声的话。如果说出来，就是语言；如果写出来，就是文字。朦胧的思想是零零碎碎不成片段的语言，清明的思想是有条有理、组织完密的语言。常有人说，心中有个很好的思想，只是说不出来，写不出来。又有人说，起初觉得那思想很好，待说了出来，写了出来，却变了样儿，完全不是那回事了。其实他们所谓很好的思想还只是朦胧的思想，就语言方面说，还只是零零碎碎、不成片段的语言，怎么说得出来、写得出来？勉强说了写了，又怎么能使自己满意？那些说出来写出来有条有理组织完密的文章，原来在脑子里已经是有条有理组织完密的语言——也就是清明的思想了。说他说得好写得好，不如说他想得好尤其贴切。

因为思想依傍语言，一个人的语言习惯不能不求其好。坏的语言习惯会牵累思想，同时牵累说出来的语言，写出来的文字。举个最浅显的例子。有些人把"的时候"用在一切提冒的场合，如谈到物价，就说"物价的时候，目前恐怕难以平抑"；谈到马歇尔，就说"马歇尔的时候，他未必真个能成功吧"。试问这成什么思想、什么语言、什么文字？那毛病就在于沾染了坏的语言习惯，滥用了"的时候"三字。语言习惯好，思想就有了好的依傍，好到极点，写出来的文字就可以一字不易。我们普通人难免有些坏的语言习惯，只是不自觉察，在文章中带了出来。修改的时候加一番检查，如有发现就可以改掉。这又是主张修改的一个理由。

1946 年 4 月 7 日作，刊《中学生》总 175 期，署名圣陶。

作自己要作的题目

一篇文，一首诗，一支歌曲，总得有个题目。从作者方面说，有了题目，可以表示自己所写的中心。从读者方面说，看了题目，可以预知作品所含的内容。题目的必要就在乎此。从前有截取篇首的几个字作题目的，第一句是"学而时习之"，就称这一篇为《学而》；有些人作诗，意境惝恍迷离，自己也不知道该题作什么，于是就用《无题》两字题在前头：这些是特殊的例子。论到作用，只在便于称说，同其他的篇章有所区别，其实用甲、乙、丙、丁来替代也未尝不可；所以这样办的向来就不多。

题目先文章而有呢，还是先有了文章才有题目？这很容易回答。可是问题不应该这样提。我们胸中有了这么一段意思，一种情感，要保留下来，让别人知道，或者备自己日后复按，这时候才动手写文章。在写下第一个字之前，我们意识着那意思、那情感的全部。在意思的全部里必然有论断或主张之类，在情感的全部里至少有一个集注点：这些统称为中心。把这些中心写成简约的文字，不就是题目吗？作者动手写作，总希望收最大限度的效果。如果标明白中心所在，那是更能增加所以要写作的效果的（尤其是就让别人知道这一点说）。所以作者在努力写作之外，不惮斟酌尽善，把中心写成个适切的题目。这功夫该在文章未成之前做呢，还是在已成之后做？回答是在前在后都一样，因为中心总是这么一个。那么，问题目先文章而有还是文章先题目而有，岂不是毫无意义？我们可以决定地说的，是先有了意思情感才有题目。

胸中不先有意思情感，单有一个题目，而要动手写文章，我们有这样的时机吗？没有的。既没有意思情感，写作的动机便无从发生。题目生根于意思情感，没有根，那悬空无着的题目从何而来呢？

但是，我们中学生确有单有一个题目，而也要动手写文章的时机。国文教师出了题目教我们作文，这时候，最先闯进胸中的是题目，意思情感之类无论如何总要迟来这么一步。这显然违反了一篇文章产生的自然程序。若因为这样就不愿作文，那又只有贻误自己。作文也同诸般技术一样，要达到运用自如的境界，必须经过充分的练习。教师出题目，原是要我们练习，现在却说不愿练习，岂非同自己为难？所以我们得退一步，希望教师能够了解学生的生活，能够设身处地地想象学生内部的意思和情感，然后选定学生能够作的、愿意作的题目给学生作。如果这样，教师出题目就等于唤起学生作文的动机，也即是代学生标示了意思情感的中心，而意思情感原是学生先前固有的。

从形迹讲，诚然题目先有；按求实际，却并没违反一篇文章产生的自然程序。贤明的教师选题目，一定能够这样做。

我们还要说的是作文这件事情既须练习，单靠教师出了题目才动笔，就未免回数太少，不能收充分的效果。现在通行的不是两星期作一回文吗？一学年在学四十星期，只作得二十篇文章。还有呢，自己有了意思情感便能动手写出来，这是生活上必要的习惯，迟至中学时代须得养成。假若专等教师出了题目才动手，纵使教师如何贤明，所出题目如何适切，结果总不免本末倒置，会觉得作文的事情单为应付教师的练习功课，而与自己的意思情感是没有关涉的。到这样觉得的时候，这人身上便已负着人生的缺陷，缺陷的深度比哑巴不能开口还要利害。

要练习的回数多，不用说，还须课外作文。要养成抒写意思情感的习惯，那只须反问自己，内部有什么样的意思情感，便作什么样的文。两句话的意思合拢来，就是说除了教师出的题目以外，自己还要作文，作自己要作的题目。

自己要作的题目似乎不多吧？不，决不。一个中学生，自己要作的题目实在很多。上堂听功课，随时有新的意想，新的发现，是题目。下了课，去运动，去游戏，谁的技术怎样，什么事情的兴趣怎样，是题目。读名人的传记，受了感动，看有味的小说，起了想象，是题目。自然科学的实验和观察，如种树，如养鸡，如窥显微镜，如测候风、雨、寒、温，都是非常有趣的题目。校内的集会，如学生会、交谊会、运动会、演说会，校外的考察，如风俗、人情、工商状况、交通组织，也都是大可写作的题目。这些岂是说得尽的？总之，你只要随时反省，就觉得自己胸中决不是空空洞洞的；随时有一些意思情感在里头流衍着，而且起种种波澜。你如果不去把捉住这些，一会儿就像烟云一样消散了，再没痕迹。你如果仗一枝笔把这些保留下来，所成文字虽未必便是不朽之作，但因为是你自己所想的、所感的，在你个人的生活史上实有很多的价值。同时，你便增多了练习作文的回数。

一个教师会出这样一个题目——《昨天的日记》。这题目并没不妥，昨天是大家度过了的。一天里总有所历、所闻、所思、所感，随便取一端两端写出来就得了。但是，一个学生在他的练习簿上写道："昨日晨起夜眠，进三餐，上五课，皆如前日，他无可记。"教师看了没有别的可说，只说"你算是写了一条日记的公式"！这个学生难道真个无可记吗？哪有的事？他不是不曾反省，便是从什么地方传染了懒惰习惯，不高兴动笔罢了。一个中学生一天的日记，哪会没有可写的呢？

就教师出的题目作文，虽教师并不说明定须作多少字，而作者自己往往立一个约束，至少要作成数百字的一篇才行，否则似乎不像个样儿。这是很无谓的。文篇的长短全视内容的多少，内容多，数千字尽管写；内容少，几十字也无妨。或长或短，同样可以成很好的文章。不问内容多少，却先自规定至少要作多少字，这算什么呢？存着这样无谓的心思，会错过许多自己习作的机会。遇到一些片段的意想或感兴时，就觉这是不能写成像模样的一篇的，于是轻轻放过。这不但可惜，并且昧于所以要作文的意义了。

作文不该看作一件特殊的事情，犹如说话，本来不是一件特殊的事情。作文又不该看作一件呆板的事情，犹如泉流，或长或短，或曲或直，自然各异其致。我们要把生活与作文结合起来，多多练习，作自己要作的题目。久而久之，将会觉得作文是生活的一部分，是一种发展，是一种享受，而无所谓练习：这就与文章产生的自然程序完全一致了。

刊《中学生》杂志创刊号

（1930 年 1 月 20 日），署名郢生。

教师与家长
都是负有教育责任的人
——论学校教育与家庭教育

给教师的信

一、多刺目的两个字呀

××：

来信收读了。一个初出茅庐的教师，对于教育不免抱着些美妙的想象，听见在行的同事说，这儿的学生非用责打不能制服，你得好好保持你的威严，自然会不相信自己的耳朵。你的惊异是无怪其然的。就是我，看了你的来信也有些怅怅，因为这儿的教育厅已经三令五申地告诫学校，说训育上不得用体罚，而你那个学校仍旧把体罚看作唯一的法宝。我想得很远，想到人们的理解何以相差得这么远，想到我国的教育到底有无改进的希望……结果就来了怅怅。

体罚对于学生心理上会产生什么影响，读过教育课程的人，谁都可以说上一大串，我不想说。我要说的是你来信中所提及的"制服"

这两个字。站在利害不同的两边的人，势力较强的一边为了维护自己的利益，用种种方法来压倒对方，使对方没法动弹，这就叫作"制服"。工厂主对于劳工，帝国主义国家对于殖民地人民，手段或硬或软，各有巧妙不同，归根结底，都不离"制服"这个大题目。可是教师跟学生，也是站在利害不同的两边，像工厂主跟劳工、帝国主义国家跟殖民地人民一样的吗？我用尽我的智力，无论如何找不出彼此的相同之点来。然而居然用得着"制服"这两个字，可见在说出这两个字的教师的心目中，他自认是跟学生对立的了。而且对立得那么凶，往极端说，竟与帝国主义国家跟殖民地人民不相上下。既然对立了，还有什么教育可说呢？教育能在教师跟学生对立的情况下进行的吗？可惜他们手中只有教鞭，只有戒尺，我想，如果他能够向军械处领到一挺机关枪，他一定更觉得乐意，会经常把机关枪架在训育处门口——一挺机关枪比起教鞭和戒尺来，更可以把对立的学生"制服"得伏伏帖帖。

　　你说你不愿听从在行的同事的话，举起教鞭或戒尺来打学生。你说你如果环境使然，非举起教鞭或戒尺来打学生不能耽下去的话，你宁愿卷铺盖走路。你这一个不愿，一个宁愿，我都极端赞同。这是准备认真当教师的人的起码条件。为什么说起码？因为像你这样，至少表示你并不跟学生对立。而教的一切施为，必须不跟学生对立才谈得上。你若一想到"制服"，一动手打，你就跟学生对立了，那时候，你的指导和训诲就蒙上了压迫者和侵略者的色彩，任你说的是金玉良言，对学生全无实益——他们凭什么要领受你的呢？你说宁愿卷铺盖走路，对，环境迫着你教你非照样做不可的时候，那就表明你不能在那个学校里当教师了，自宜一走了事。专任的薪水跟几斗尊师米虽然可恋，但做事得做成个样儿尤其要紧，不成个样儿勉强要做，是痛苦，也是罪恶。

其实环境也决不会迫着你教你非打不可的。你的在行的同事惯用他们的办法，你不妨试用你自己的办法。像你当面跟我说的，您愿意做学生的同伴和哥哥，跟他们一块儿生活，尽力指点他们，帮助他们，这个话虽属于原则，依此推到实践方面，就有了你自己的办法。学生又不是天生的小流氓、小强盗，你好好地做他们的同伴，开诚相与，情同手足，他们又何至于硬要跟你捣蛋？你自己正是当学生过来不久的人，教师对你怎样，你就对教师怎样，这在你心中一定有数。一个随时随地为你设想替你帮忙的教师，你肯故意跟他捣蛋吗？即使他偶尔回答不上一个问题，偶尔说错一两句话，你会就此瞧不起他吗？我相信，当教师的不必装作"万能博士"，也不必装作完全无过的"圣人"，这些虚伪的架子全无用处，只要你跟学生站在一边儿，不跟他们对立。你既然已经悟到了这起码的可是基本的一点，你的办法必然行得通，你可以做一个成个样儿的教师。你不用担忧，恐怕同事们诽笑你，说你讨学生的好，或者说你害怕学生。学生知能方面由你的努力而得长进，就是你做得不错的真凭实据。万一同事们嫌你破坏他们的例规，跟你不合作，迫得你非离开不可，反正你已经下了决心，"宁愿卷铺盖走路"，那时自有亲近你、爱戴你的学生们抱着依依不舍之情欢送你，你的卷铺盖走路也就一无愧怍了。

在我当教师的朋友中，有两位是最难忘怀的，他们都故世了。一位是吴宾若先生，与我同在一个高小，他当校长。学生有了过失，或是早晨迟到，或是与人口角，他就把那学生招到面前，细细与他谈话，探问他犯过失的原因，指导他补过的办法。有些学生为了害怕或惭愧，往往死不开口，吴先生就又换个头绪来谈，然后回到原旨，非到学生开了口，而且面容上现出衷心领受的神色不休。这样一回谈话，延长到两三个钟头是常事，吴先生宁愿任饭桶里的饭冷却了，泡些热汤下肚。还有一位是创办立达学园的匡互生先生，他把学生的过失看作自己的过失，每逢跟犯过的学生谈话，他往往先滴下眼泪来。学生受了感动，有时就与匡先生相对流泪，甚至相对出声而哭。这两位先生的办法，近于"爱的教育"式，属于所谓感情教育，也有些人不甚赞同，因为这样太软性了，不足以锻炼学生强毅的意志。可是，模仿现在流行的说法，他们都是认定"学生第一"的，教育事业既是"为"学生的事业，在认定"学生第一"这一点上，他们总该受人敬佩。我不知在现在的教育界中，认定"学生第一"的究竟有多少人。此刻我写回信给你，提起吴匡两位，意思自然希望你也认定"学生第一"。我记得你当面对我说的话，我相信你不会辜负我的希望。

1944 年 2 月 16 日作，

刊 22 日《华西晚报》，署名叶圣陶。

二、训育的几派办法

××兄：

你当教师经历了四五年，当训育主任却是新近的事，你说有没有意见告诉你，给你作个参考。我从来没有当过训育主任，训育该怎么实施，意想中没有一点儿影子，对于自己的儿女，也不知道该怎么个训法。我实在不能有什么意见告诉你。可是，我常接近教师学生，对于学校里的情形还知道一些，知道之后，心中不免起了反应，有时认为这样很不错，有时认为那样不见妥当。现在就把这些写给你看看，或许对你有些微的用处。

有些教师管训育，抱着个"不许主义"，不许嘻嘻哈哈地笑，不许蹦蹦跳跳地跑，不许看小说，不许自己拆收到的信件，这也不许，那也不许，仿佛学生的思想行动没有一种是要得的。这种"不许主义"的结果，可以把学校弄得很安静，很严肃，可是安静之中流荡着冷气，严肃之中透露出萧瑟。学生个个像恶姑面前的童养媳，阎王殿下的小鬼，一副被"吃瘪"的形色。学生被"吃瘪"正是训育的成功，然而没有想到一层，训育的本旨并非"吃瘪"学生。学校里固然需要安静和严肃，但尤其需要热气和活力。把学生逼成童养媳和小鬼，借以换取安静与严肃，这算什么道理？大凡人生经历，习惯既久，便成自然，如果学生习惯于被"吃瘪"，一辈子具有童养媳和小鬼的习性，这一笔造孽的账可是训育老师担负得起的？并且，你要"吃瘪"学生，学生未必就老实被你"吃瘪"，堤防筑得越严紧，溃决起来水势越汹涌，这就来了学校风潮。通常的见解总以为闹风潮是学生的过错，但是在"不许主义"训育之下的风潮，所有过错是否都该归罪学生，是值得考索的。

有些训育老师恰正相反，守着"无为而治"四个大字。早晨升旗时候，学生七零八落，唱起国歌来，参参差差，有气没力，他们不管。学校生活太无聊了，学生闷得慌，有的从教室中溜了出来睡懒觉，有的索性坐在茶馆里吃闲茶抽烟卷，他们不管。社会的引诱力太强大了，学生不免艳羡，谈谈"飞机"经络，弄一支手枪要要，他们不管。他们一只眼睛开，一只眼睛闭，一个耳朵开，一个耳朵闭，只要事情不逼到面前来，或是摆在面前而可以转过头去避开，他们就一概作为不见不闻。这是最省事的办法，"无为而治"，落得安闲清静。可惜仔细想想这个"治"字，就有些未能释然。学校里要够得上这个"治"字，至少每个学生的生活都上轨道，进一步，更要使每个学生的生活逐渐上进，逐渐充实。像这样不见不闻，任学生过着懒散的腐败的生活，"无为"固然做到了，可是学校的"治"又在哪儿？

以上说的两派训育老师，做法虽然相反，却有一点相同，他们的训育都是消极的。现在再谈谈积极的。有些教师特别相信训话的功用，以为自己口里说出什么来，学生耳朵里就听进什么去，而且一听就明白，就记住，就运用到思想行动方面去。他们每逢纪念周、朝会、各种各式的集会，从不肯放弃训话的机会，一训就是一个两个钟头，至于他们的材料，常常是些抽象的道德节目，八德啊，四字校训啊，十二守则啊。讲到礼，就翻来覆去注释这个"礼"字，发挥这个"礼"字；讲到义，就翻来覆去注释这个"义"字，发挥这个"义"字。他们的训育是积极的，他们要学生好，希望学生接受这些道德节目，这毫无疑问。可是他们没有想想，喋喋不休的训话与抽象的道德节目，对于学生的思想行动到底会有多少影响。大凡在教育学心理学方面稍稍有些研究的人，都相信思想行动的长成，必须随时随地，就事事物物上养成习惯，才属可能。说到养成习惯，就决不是听听训话可以了事的事。第一，必须实践；第二，必须持之以恒，不能实践了一回两回就丢掉。现在专重训话，不很顾到实践，未免把训育看得太简单了。并且，本该是就事事物物上养成习惯的，现在，却只用抽象的道德节目，学生听了礼啊义啊一大套，只觉得迂远难行，与自己的生活联系不起来。结果，学生的一言一动还是表不出诚敬，辨不明是非，与没有受过什么教育一个样。这就可见这一派的做法也有毛病。

　　另外还有一派注重实践的，常常提出一项道德节目，在一个时期内作为训育的中心，教学生身体力行。他们于是标出"仁爱周""和平周"等名目来。在"仁爱周"里，大家要与师长同学相爱，要爱惜花草，要爱护小动物，甚至一个蚂蚁也不可踩死。在"和平周"里，大家要好好相处，你问我："你好吗？"我得回你一句："你也好？"相骂打架当然要不得，最好相见的当儿，未开言先赔一副笑脸。这样的训育似乎无可批评，可是我常常见到"一曝十寒"的情形，这就有了问题。"一曝十寒"的情形怎样呢？譬如"仁爱周"过去了，事情就此完毕，往后不说一个蚂蚁，就是作弄一个同学，使他摔跤撞倒，以致头破血淋，也不当一回事了。前面说过，养成习惯必须持之以恒，现在想在一个什么周内养成什么习惯，过了那个周就丢开不管，试问能不能收到实效？咱们知道咱们说话，走路，爱父母，守公德等习惯，都不是从这"一曝十寒"的办法养成的。做一个人，确乎需要各种好习惯，好习惯累积得越多，其人的生活越上进，越充实，像上面说的"一曝十寒"轮流串演的办法，却说不上养成习惯，更说不上累积习惯。

我开头说，"有时认为这样很不错，有时认为那样不见妥当"，现在看看上面写的，都属不见妥当的一方面，很不错的一方面一点也没有说。老实说了吧，开头我这么说，只是顺着语气之自然，按实说，很不错的却不大有。也许有是有的，可是我没看到，或者我的观察不精，思索不周，因而看不出来。我想单说了不见妥当的一方面，也未尝不好。你如果以为我的话有几分是处，就会在前面所说的几派以外，自己去寻求实施训育的办法。我与你不客气，不妨直说，你自己寻求得来的办法未必就对。但是前面所说的几派的毛病，你总可以不犯了。这一点消极的作用，是我仅能贡献给你的。

你寻求有得，希望随时告知。我虽不在教育界，可是很乐于知道学校里有一个认真尽职、真能使学生受益的训育主任。

1944 年 2 月 24 日作，

刊 3 月 1 日《华西晚报》，署名叶圣陶。

三、新的傻子

××先生：

接读来信，知道您预备回湖南，设法办个中学，而且希望甚大，如果办得顺利，就将终身以之。现时大家都有些恓恓惶惶，为生活叹气，为物价皱眉，仿佛过日子只是勉强应付，并不是自己安身立命的正轨；而您却想手创一个终身以之的事业，宁走远路，不贪近功，目的无非为当前的建国大业效力，这叫我非常钦佩。我愿您如愿以偿，学校真个办成功，而且办得顺手，在十年八年之后，大家心中都记住您的好成绩。

现时学校的数目也不算少了，大学是至少一省一个，中学是至少一县一个，国民学校据说每保有一个。若就学校的数目看，似乎教育颇受重视，教育事业正在逐步进展中。可惜学校的意义并不等于教育，教育的重视与否，逐步进展与否，还得就另外一些条件看。咱们眼见的实况是一般人办教育往往像衙门公事那么办，像商业生意那么做，且不谈另外的一些条件是什么，衙门公事和商业生意决不跟教育同类是显然的；从此就可以推知教育实在没有受到重视，教育事业实在没有逐步进展。据我的简单的想头，目前的要图不在乎添设什么学校，而在乎把现有的学校好好地办，不看作衙门公事，不看作商业生意，凡所实施都是名副其实的教育，这就很好了。可是您要更进一步，不从现在有的学校入手，而想另外创设一个新学校。据我平日所知于您的，您必然自有一套教育的理想在，所以不愿修坍补漏，必须另起炉灶。世界上有许多怀着理想的人被称为傻子，您对教育自有一套理想，很可能立刻取得傻子的徽号。但这是多么可爱多么不容易取得的徽号啊！

在清朝末年，大家感觉时局日非，那时候对教育抱理想的傻子似乎很多。他们认为教育是一切的根本，只要兴起教育来，政治、经济以及其他各部门都解决了。他们于是开办学校，三间两间破房子就是校舍，找不到同志就以一身兼教各种科目；物质报酬一点儿也没有，他们全不放在心上，宁愿卖了自己的衣服，当了太太的钗环过日子。

就现在想起来，他们的方法也许很陈旧，他们的教材也许不见新鲜，可是他们的心是热切的，他们的信念是坚强的。如今四五十岁的人的心中，往往有一个幼年的老师永不能忘，非但永不能忘，而且自知着实受他们的益处——益处不定在各种知识方面，大部在精神上受着他们的熏陶。这班傻子留下这么些影响，他们也可以慰情瞑目了。到后来，这种傻子何以会渐渐少起来，我没有研究，不能说出其原因。至于如今办教育的人，似乎看出了从前那些傻子的毛病，竭力反其道而行之；从前那些傻子认为教育是一切的根本，如今办教育的人却相信教育不是根本，只配做政治、经济各部门的尾巴，既然是尾巴，因循将事，得过且过，也就可以了，何必苦干硬干，徒然消耗自己的生命力？这是他们的全部哲学。我没有接到您的详细开示，不知道您所怀的教育理想是什么；但是我想，您一定不同意于如今办教育的人的想法；同时，你与从前的那些傻子必将同中有异，异中有同，您将是个新的傻子。

募基金，相地皮，修校舍，这些事情麻烦而不太困难。有一件最困难的事情，不知道您已经得到解决没有，那就是集合同志，集合若干新的傻子，在一块儿实现您的教育理想。我常爱说"搭班子"的话，班子指戏班子。一出戏要唱得好，必须个个角色都好，单靠一两个主角卖力，就不成为一出和谐完整的戏，所以要唱好戏，就得集合各项好角色，搭成个完美的班子。许多教师同在一个学校里办教育，就如唱一出具有永久价值的戏，班子搭不好，根本没有唱好的希望。如今学校里最多的是人事问题，人事问题是个新流行的名词，依我的说法，就是班子搭不好。猜忌，不合作，中伤，为了分配尊师米闹起来，公然怠工而学校当局无可奈何，这一类事情，咱们看见得太多，听见得太多了。大家的心思放在人事问题方面多，自然顾到教育方面少；到了专门搅些人事问题，就完全没有教育问题，其实学校尽不妨关门大吉了。您来信说得这么毅然决然，一定要回湖南去办学校，我想对于搭班子该已有了把握吧？不满意教育现况的人，如今很多；不但消极地不满，而且积极怀着理想的人，也不是没有；再进一步，有理想且有方法，认定此时此地的教育该从何处着手的人，当然比较地最少，但也决不致绝无仅有。同声相应，同气相求，以您这样的傻子精神，当可发见一些傻子，吸引一些傻子。希望在您的班子里，没有什么人事问题，彼此每时想的，每天干的，都只是些教育问题。

下次惠书，希望告诉我您的具体办法，就是说，您将怎样实施您的教育。如果我有所见到，自当竭尽我的浅见，跟您讨论。何日动身，并盼示及。

1944 年 3 月 7 日作，

刊 12 日《华西晚报》，署名叶圣陶。

四、关于禁止读小说

××先生：

现在给您写这一封信，只谈一件事情。听见贵校的几个同学来说，贵校绝对禁止看小说，我就想跟您谈谈禁止看小说。

你也可以猜想而知，我写这一封信是不赞成禁止看小说。我并不是因为自己写过些小说，就把小说看作宝贝，以为非叫学生看不可。我也不像有些学生那样，认为一切学科一切作业都可以丢在脑后，只消捧一本小说在手，就可以混日子。我只想说，小说在教育上自有它的价值，教育者应该好好地利用它，以收教育上的效果；不好好地利用它，随学生去乱看，这是消极的办法，我不赞成；见学生乱看，觉得讨厌，干脆来个禁止，这是更消极的办法，我更不赞成。

这儿我说的小说，是指好小说，先得提明。好的小说这个称谓似乎有点儿空洞，诚然；但是我不便在这儿列举若干小说，然后归结一句说，像这些都是好的小说，就只能用一个抽象的称谓了。

好的小说都有充量的文艺性。所谓文艺性，粗浅地说，就是它不但叫人"知"，而且叫人"感"；不但叫人看了就完事，而且留下若干东西，叫人自己去思索，自己去玩味。"感"比较"知"深入一层；"知"是我与事物对立，以我"知"彼；"感"是我与事物融和，彼我不分。再说留下若干东西，叫人自己去思索玩味，这就是所谓弦外之音，食余之甘，比较弦停音歇，食尽味绝，受用处自然多些。一般人喜欢看小说，原因就在这儿。而青年人尤其喜欢，这就心理学方面说起来，自有种种解释，咱们暂且不谈；咱们只消想想自己，在青年时代不是也贪看小说，一部《红楼梦》，看了一遍又一遍，读了迭更司①的《贼

---

① "迭更司"，通译"狄更斯"，英国小说家。——编者注。

史》①，嚣俄②的《孤星泪》③，而久久不能去怀吗？将自己比他人，就可知道青年人看小说实在是正常的事儿，绝对不宜禁止。

学校里的课程各个分立，这是不得已的办法，不分立就无从指导，无从学习。但因为分立了的缘故，每种课程往往偏于一个境界，如数学理化偏于逻辑的境界，历史地理偏于记认的境界，公民训育偏于道德的境界等。教育的最后目标却在种种境界的综合，就是说，使各个分立的课程所发生的影响纠结在一块儿，构成个有机体似的境界，让学生的身心都沉浸在其中。要达到这个目标，自然须得教育者竭尽心力，师生共同实践，而让学生看小说，也是达到这个目标的可能途径。小说不偏于逻辑的境界，记认的境界，道德的境界等，它直接触着人生，它所表现的境界是个有机体，以人生为它的范围。青年人读了许多小说，吸收了许多好的意思，获得了许多人生经验，因为那些意思与经验都是通过了作者的精神的，青年人渍染既久，其精神也就渐趋高深，即使不能与作者并驾齐驱，至少也会与作者同其倾向。青年人的精神与出色的作者同其倾向，不正是教育所求的效果吗？

也许有人要说，要使教育收综合的效果，有咱们的圣经贤传在，给青年人读些圣经贤传就得了，何必读什么小说？这个话问得有道理，请容我回答。我先要说明，小说跟圣经贤传不是相反的，而是同类的两种东西。咱们不能因见"圣""贤"字样，过分地表示崇敬，见

---

① 《贼史》，狄更斯著名小说，又译作《雾都孤儿》。——编者注。

② "嚣俄"，通译"雨果"，法国作家。——编者注。

③ 《孤星泪》，雨果创作长篇小说，又译作《悲惨世界》。——编者注。

小说的名儿用个"小"字，抱着偏见特别地瞧它不起。为什么是同类的两种东西？因为小说跟圣经贤传都触着人生，都是少数人的精神产物。二者在细节上，由于时代观念不同，也许有些抵牾；但在大纲节目上，却无不同。依我的想法，二者都应该读；我决不像某些人那样，写到圣经贤传就特别加个引号，以表示其讽刺的瞧不起的意思。可是，谈到给青年人读，就不能不分个缓急先后。圣经贤传大多是古东西，现在人读起来，先得打破一重语言文字上的隔阂，而青年人往往没有能力打破。其次，圣经贤传受着书写工具的限制，大多写得简约，简约至极，必须反复涵泳，多方揣摩，方才能够理会，而青年人不一定有这种能力。又其次，圣经贤传就古代的社会和人生说话，虽然其中尽多通乎古今的道理，而青年人总不免觉着隔膜一层，不甚亲切，不如就近代与现代的社会和人生说话来得感觉兴味。当然还有可以说的，现在且不说吧。试再举些具体的例子来谈谈。譬如《论语》，我以为是承受固有文化的现代我国人必须读的，但是教一个中学青年读《论语》，必然遇到上述的三项困难而感到吃力。又如《史记》，那是最富有小说味的著作了，但是一篇《项羽本纪》往往使中学青年头痛。所以，假如圣经贤传非读不可，也只能将程序排得后一点，分量定得少一点，而将同类的小说排得前一点，定得多一点，因为小说与圣经贤传在教育上收同样的效果，而在青年人心理上却比圣经贤传容易领受。

您是国文教师，现在我要谈到您的领域里来了。国文教师的任务，一般人不大肯想，只觉得茫无涯岸；其实也很明白，只要指导学生，使他们能够阅读，能够写作，就可以俯仰无愧了。这儿单说阅读。学生一辈子要看各种的书，所以在学校里必须养成阅读能力。听教师讲过了才明白，这不能算有了阅读能力。必须自己看明白，不含糊，不误会，不但字面的意义了悟无遗，就是言外的意义也体会得出，这才算有了阅读能力。学生这种能力不是一朝一夕所养成的，全赖教师给他们引导，譬如小孩子走路，起先是牵着手走，随后是放了手，可是做着手势跟住他，最后才让他自个儿向前走去，教学国文的方法，细说起来虽然头绪繁多，若能认定一点，使学生渐渐能够自己看书，也就把握住了要领。阅读不能没有材料，国文教本当然是材料，但是死捧住一本国文教本还嫌不够；因为阅读能力要在习惯中才能养成，而一本国文教本的习惯未免太少太浅。因此在教本以外，教师必须指导学生看旁的书。教师指导得法，学生看旁的书也能像看国文教本一样，在先是依赖的成分多，在后是自立的成分多，最后竟可以完全出于自力，这才真个有了阅读能力，真个可以看各种书，受用一辈子了。所谓旁的书当然不限于文艺部门的小说，关于修养的书，关于社会科学的书，乃至关于自然科学的书，都可以作为国文科的课外读物；因为那些书都是用我国的语言文字写的，而国文科所训练的，就在使学生通过我国的语言文字了解一切。不过，小说最容易使学生发生兴味，是其一；教国文虽然不就是教文艺，但文艺的鉴赏实在是精神上的绝大补益，让青年人得到这种享受，非但应该而且必须，是其二。为了以上两点，我以为小说在国文科的课外读物中应该占较多的百分比。

说到这儿，我要结束了。小说在精神训练上有价值，在语文教学上有价值，总括起来，就是它在教育上有价值。若有明达的忠诚的教育者，必将选定若干小说，收藏在图书室里，把那些书名大书在揭示牌上，并随时鼓励学生去看，甚至限时督促他们去看。但是，贵校却完全相反，干脆来个禁止看小说。我决不敢说您与您的同事先生们不明达，不忠诚，我以为你们大概是少想了一想。做事情想得欠周到，往往会弄成不妥当的。

你们大概是怕学生看了小说耗费时间，以致旁的功课都弄不好，或者是见有些青年看了武侠小说就要往武当山去学艺求道，看了黑幕小说就想为非作歹，干那拆白党的行径。于是认定小说是青年人的毒害，无异于鸦片，非彻底禁绝不可。现在我先就前一项说。你们若认为看小说耗费时间，那就有个前提在，小说虽不是反教育的，而是非教育的。非教育的事物当然该排斥在学校以外。可是像前面所说，你们如果以为有些道理，就可见小说并不是非教育的，而确实是教育的。凡是教育的事物，叫学生去认识，去实践，都不是耗费时间，因为付出的时间自可取得相当的代价。早晨练几十分钟早操，下午踢几场足球，扔几局篮球，为什么不说耗费时间，妨害旁的功课而加以禁止？原因是那些事项都是教育的。看小说总可以与练早操、踢足球、扔篮球列在同等地位吧？你们既知道看重学生体魄的补益，也不该忽略学生精神上的补益。

再就后一项说。那些武侠小说，黑幕小说，并非我这儿所说的小说。大概你们很能分辨清楚，那些小说，不但你们不赞成学生看，就是我，也不赞成学生看。不过，我的办法不是出一道禁止看小说的布告。我并非要博得宽大的名，实在因为出一道布告没有多大效果。您禁止他们看，他们听命，不敢公开然地看了，但是他们偷偷地看，在被窝里，在茅厕里，在自修室的角落里，你将他们怎么办？您说可以随时地侦察，暗暗缉拿。这种侦缉队似的手段，我就不愿意在学校里施用，这且不多说；试问即使让您拿住了，私看小说该当何罪？再说，他们怕您缉得凶，在学校里果真不看了，但是他们星期天在家里看，放了暑假寒假大看特看，您又将他们怎么办？我说没有多大效果，还是客气的话，老实说，禁止简直毫无效果。您要使学生不看那些坏东西，就是指导他们看好小说，你的指导越周到，越深入，他们从好小说领会到的就越丰富，越精辟。到了那个阶段，他们再看那些坏东西，将要恶心呕吐了，随即丢开还来不及，哪待您去禁止？这是根本的有效的办法，且适合于教育者的风度，希望你们采用。

你们如果以为我的话并非逞臆之谈，请即取消你们的禁令，并且指导学生看好的小说。

1944 年 3 月 8 日作，

刊 20 日《华西晚报》，署名叶圣陶。

教师的修养

　　教育固然有一点缓不济急之嫌，然而总是我们程途中的一盏灯，能够照着我们的四周使之光亮起来，又能照见我们的目的地，使我们加增前进的勇气。我们有了它，虽然觉现在站得不大稳定，但并不感觉空虚，因为丰美的秩序和境界出现在我们的想象中了。如其没有它呢？那就不堪设想了，当前这样昏暗，前途这样渺茫，我们即使不甘颓废，又何从振作起精神来呢？

　　教育不仅是有多少学校，不仅是有多少人谈谈而已，这件事情是要去做的，做了还要看实际的效果。一个国家的教育程度如何，不是少数学校所能代表的，以偏概全，无论何事都不适用。至少要大多数学校达到某种程度，才可说某国的教育大概达到某种程度。这是粗浅不过的常识，不必我来多说。

　　说到实际的效果，就得想起宗旨。若问宗旨，谁不会说要造就健全的人？而实施起来，不得不由算学教师教算学，由美术教师教美术，……这是混本于一的意思，以为把算学美术等等东西萃于学生之一身，这学生就是个健全的人了。不过有一层，学生没有一种特别的本领，使自己只从算学教师那里学算学，而不起一毫别的关系，如思想的影响和性情的感染之类。如其算学是学会了，与算学教师的别的关系又是属于积极方面的，别的功课又都是这样，这个学生能够成为健全的人是无疑的了。但是假如别的关系不幸而是属于消极方面的，那就不能把已经学会算学来抵账，即此一端，这个学生就难以成为健全的人了。所以算学教师的第一个条件固然在于能教算学，而将影响及学生感染及学生的所谓人品，务求其属于积极方面，这不能说是次要，至少要与能教算学同占第一条件的位置。美术教师等当然同此一例。

说到评价，就得去听一般的舆论。对于我国教育的评价，且不说自己人所说的，曾有外国的教育家称赞我们，说我国的小学教育很有进步，只是中等教育差一点。大家听了这一句，颇觉得有点快慰，因为我们的小学教育进步了。这句话又引起了一些人的奋勉之心，向来不大有人提起的中学教育的种种问题，他们都着意去研究。于是"中等教育大有勃兴之象"这个意念，又时时在大家的脑际闪现了。但是我们踱进一个学校，或者遇见一个教师或学生，往往觉得怅惘起来，那种满足的快慰与预期的欣喜都像春梦一样模糊了，因为所接触的实况，全然不是这么一回事。具体一点说，就是与前面所说的第一个条件合不大上；即就算学教师而言，能教算学与否既成为问题，足以关涉及学生的人品又未必属于积极方面，这就根本的不成立了。所以外国教育家所说的小学教育很有进步和大家心头念着的中等教育大有勃兴之象，这两句话，至少要在前面加一点限制，如"某地某校的什么教育"才是，否则就不免犯以偏概全的弊病。

最近听见了一些事情，使我们更觉得怅惘，似乎前途是一个空虚之深渊，而我们的心将投入这个深渊。现在且写出一些来。

久别的友人来了，无所不谈，后来谈到嫖妓和纳妾的盛行。友人说："某城中等学校的教师，据我所确知，嫖妓的有近二十人，纳妾的有某某等五六人。"我就想：这似乎很奇怪，其实是我早先不曾想起罢了；在我的家乡，我所认识的知道的如某某等，不是教师而兼嫖客吗？又如某某，他是我小学时代的教师，现在还当着小学教师；如某某，他现在任女子中学的教师，他们不都纳了妾吗？于是与友人相视而叹息。

友人谈起在一个培训乡村教师的暑假学校里，颇闹了一些教人笑不出来的笑话。一、学校贴出通告来，说为了预防霍乱，将请医生来为学员注射，不取费，愿意的可来签名。一位学员看了，去问学校的办事员说："要听这一课防疫注射要不要另外纳费？"二、一位学员买了一条奖券。开彩过后，他到铺子柜台前看了黑牌上写着的白粉字，回来欣喜地向学校的管理员说："不知该得多少钱，刚才去看过，第一个号码对，末一个号码也对，中是一定中了。"三、一位学员问校医说："遗与浊有无分别？"校医说："当然有分别。你近来出去玩过吗？"那学员起初不肯说，经校医严正劝告，才说："不在这里，两个星期前，在本乡玩过的。"校医算了算，两个星期前，他已来学校报到了。

我不愿意使读者感到什么诙谐的趣味，所以朴质地记下这些事情，不敢加一点描绘。我要读者保持严肃的心态，想一想这些事情的背面。像这些教师，即使真个勤于职务，教某科的研究某科，任某事的忠于某事，也难免会产生坏的结果。他们不是自觉地要教坏学生，其实他们也没有这种存心，然而他们这种反常的心理和混沌的思想，却无时无刻不给与学生以坏的影响和感染。学生所求于他们的是受教育，从他们那里得到的却是坏的影响和感染，那么即使学会了零碎的算学美术等，又有什么益处！何况某科的肯研究与否，某事的能尽忠与否，绝对不能与心理和思想脱离关系。心理反常了，思想混沌了，就只有懒惰，只有模糊，决不会有什么研究和尽忠的气息了。

我想现在如其真心要向这些教师说法，不必讲什么设计教育法、道尔顿制和教育测验等，并不是说这些东西没有用处，这些东西的确是可贵的宝贝。但是它们好比是营养丰富的食品，而现在的一部分教师如上面所说的，正患着胃病，急待医治呢，胃病还没有治好，任何营养丰富的食品，只有个不消化而已。

我以为向这些教师说法，最要紧的是使他们的日常生活上轨道。所谓上轨道，指最平常的而言，就是一言一行，都没有消极的影响，一饮一啄，都要有正当的意义罢了。这虽是最正常的，也是最根本的。如果能做到这样，再加上教法的研究，原理的了解，固然是教育所需求的教师；即使退一步，没有深切的研究和透彻的了解，只要能做到这样，也不失为中庸的教师，因为他们没有残害学生的思想和情感。

教师应当讲究修养的话早已有人说过了，我这里说的也无非是这个意思。但是近来，这些话似乎不大听见了。我想有两个原因：大家觉得太不新鲜，不高兴去重述这陈旧的老话，是其一；开口的人大多是主张进步和提高的，合于他们的好尚的话也就不少，更无暇去说这些平凡的话，是其二。其实一种值得提倡的话，在还没有被大家领受以前，不论经历了多少时代，总有重行陈述的价值，无所谓不太新鲜。至于进步和提高，确是我们所希望的，但是扔下倒退的人陷在坑底的人不管，也就难以收到统计上的效果。所以我诚恳地陈说，当教师的人，应当讲究修养。一般主持教育界论坛的人，应当时时想起教师修养是一件必要提倡的事。

我觉得我这些意思并非杞忧，如果大家把教师修养的问题丢在脑后，教育的前途实在有很大的危险。请大家不要只看都市，也去看看农村；不要只看交通方便的地方，也去看看偏僻的内地；不要只看教育事业的外表，也去看看它的就里，就会与我表同情了。我由于知能的薄弱，不能作详细的调查和精密的报告。但是我怀着这个意思已经好久了，时时想说又时时作罢，以为这样浅薄的感想不能引起人们的注意。这一回又经过了很深的怅惘，殊觉不能自已，所以不管什么，就这样写了出来。

至于使教师真能讲究修养的有效方法，我也说不出来。我只觉得最低的要求是"一言一行，都没有消极的倾向；一饮一啄，都要有正当的意义"。我想要走上这轨道，本当由各人自己去想办法的。而主持教育论坛的人根据自己的学识和经验，当然能够提出一些好的主意来供大家参考。我的目的只在促起大家的注意，所以虽然说不出什么有效的方法，也就不顾了。

末了我不得不责备教育行政人员。依理论讲，你们该知道教育应是什么性质，教师应是什么样人。你们为什么不在收发公文照例视察等事务以外，看看教师是否个个胜任教育的事务。你们如其肯看看，我这样的人所能感受到的想法，你们一定很敏锐地感受到了。于是你们可以想出聪明的办法来，使他们渐就改善。或者没有改善的希望了，那么随即撤换也是你们的权力所能做的，而且是极正当的。要知道牺牲几个人的饭碗究竟是小事，"救救孩子"才是至要的重务。但是你们全不想到这些，只顾在那里或则瞎忙，或则混饭，我就对你们大为失望了。

一线的光明尚在师范学校。我愿师范学校好自珍重，容纳我这里所说的一些意思。师范学校能于学生修养上特别注意，说得低一点，也可以造就水平线以上的教师。而事实证明不止于此，现在有点成就的青年教育家，大部分是从好的师范学校里出来的。所以我虽是怅惘，却还存着一些乐观，只希望师范学校多多流出清水来，把旧时的浊水冲去，于是我们就有一池清水了。

刊 1923 年 8 月 19 日《努力周报》66 期，署名叶圣陶。

教师必须以身作则

　　小学生守则二十条，全是简短的话，口气是小学生自己对自己说。实施小学生守则，就是要小学生拿这些话勉励自己，管住自己，在语言、举止、态度各方面养成好习惯。这些好习惯是小学生学习和劳动的时候所必需的，是社会主义社会的人不可缺少的，所以非养成不可。

　　要使小学生真从心里说出这些话，真有勉励自己管住自己的愿望和意志。只给他们讲一讲守则，叫他们念一念守则，当然不济事。教师必须随时随地给他们说明或者暗示，什么是好的，为什么好，什么是坏的，为什么坏，让他们经过自己的体会，终于喜欢那好的，厌恶那坏的。这当儿，他们才觉得守则的话正是他们要说的话，才觉得非拿这些话勉励自己管住自己不可。觉得守则的话正是他们要说的话，这就有了自觉性。觉得非拿这些话勉励自己、管住自己不可，这就有了积极性。必须在小学生的自觉性和积极性的基础上，守则的精神才能贯彻在他们校内校外的生活里。

　　教师教学生靠语言，讲一堂课，谈一番话，语言是不可少的工具；可是要知道，决不能光靠语言。教师讲了一大堆有道理的话，可是他的实际生活并不那样，他的话就不会对学生起多大作用；或者讲了什么是不好的，可是他的实际生活里就有那种不好的成分，那就会给学生很坏的影响：他们至少要想，原来话是可以随便说的，说的话跟实际生活是可以正相反背的。唯有教师的话跟他的实际生活完全一致，不但像通常说的"说得到做得到"，而且要做得到才说，情形就大不相同。那时候学生非常信服，愿意照着教师的话积极地实行，因为面前的教师就是光辉的榜样，他们觉得跟着教师走是顶大的快乐。我国古来有所谓"身教"，就是说教师教学生不能光靠语言，还得以身作则，真正的教育作用在语言跟实际生活的一致上。这样看来，教师必须以身作则，小学生守则才能有效地实施。

　　举个例子来说。譬如进出屋子要开门关门，这是寻常的事，可是门怎么样开怎么样关，就有应该注意的地方。要是砰的一声推开，又砰的一声关上，那就在短时间内发出两回讨厌的声音，给屋内屋外的人两回刺激。人家在那儿做事用心思，听见砰的一声多少要受些妨碍，就是不在那里做什么，也会感觉怪不舒服的。所以咱们要教小学生从小养成习惯，轻轻地开门，轻轻地关门，能不发一点儿声音最好。门有各式各样，要做到开关任何式样的门都很轻，甚至不发一点儿声音才好。养成了这么个习惯好像没有大关系，可是在开门关门这件事上，这才真正做到了小学生守则第十六条里说的"不妨碍别人的工作、学习和睡觉"。推广开来想，在开门关门这件事上能够不妨碍别人，不就是在其他事情上也能够不妨碍别人的基础吗？把轻轻开门轻轻关门的心放到一切事情上，同样地养成习惯，不就什么举动都不至于妨碍别人了吗？这样看来，轻轻开门轻轻关门实在不是一件小事。可是，咱们不留心也罢，要是留心一下，没有轻轻开门轻轻关门的习惯的人事实上并不少。他们开门关门的时候好像正跟门生气，碰见弹簧门就非常珍惜自己的手劲，再不肯抓住门的把手，耳朵是听惯了，砰砰的声音听而不闻，因而绝不会想到在一进一出的当儿给了人家多少麻烦。我这个话决非随便乱说，读者不妨留心自己的周围，准可以发见那样的人。要是教师刚好是那样的人，那就至少在开门关门这件事上不能使学生养成好习惯，不能叫学生不妨碍别人。理由很清楚，就在他不能以身作则。学生会想，教师也是那么砰的一声进砰的一声出的，自己为什么不能砰的一声进砰的一声出呢？尽管教师说得口枯舌干，不妨碍别人有多大道理，还是收不到一点儿效果。要是教师能够以身作则，情形就完全不同了。教师的每一回进出都是给学生示范，使他们觉得唯有那么轻轻地开关才是正当的举动。而且这并不是什么难以做到的事，有教师的榜样在，教师轻轻地开关，不是好像行所无事吗？这当儿，教师尽可以不说什么话，即使要说，也不用多说，因为这是"身教"，不说或者少说足够收效了。再说，要说的大概也不是"你们得轻轻地开关"之类的话，而是指明大家在安宁的环境里学习和工作，不受别人烦扰，多么愉快，多么有效果的话。总之，说的话不但要使学生明白一些道理，而且要使学生亲切地得到一些实感，感到那种好的环境非努力争取不可。学生的自觉性和积极性就是从这里来的。于是他们永远也忘不了"不妨碍别人"的话，永远拿这个话来勉励自己，管住自己。

前边一节话把开门关门这件事作例子来说，其实什么事情都一样。要叫学生怎么样，教师自己先得做到这个怎么样；要叫学生不怎么样，教师自己先得做到这个不怎么样，这就是以身作则。

现在且不说旁的条目，只就小学生守则里有关不怎么样的条目说一说。守则里有关不怎么样的共有六条，就是第四条、第七条、第十三条、第十六条、第十七条、第十八条。要叫小学生真从心里说出这些话，真拿这些话勉励自己，管住自己，教师就得在日常生活里完全做到这些个不怎么样。第四条里有"不迟到，不早退……"的话，教师就应该问问自己，无论干什么事情，自己有不守时刻的毛病吗？第七条里有"不随便说话，不做别的事情"的话，教师就应该问问自己，无论干什么事情，自己有游心外骛、不能专心致志的毛病吗？第十六条里有"不骂人，不打架……"的话，第十七条里有"不骗人，不赌博……"的话，要是教师自问都能够"不"，这些恶行自己都不犯，还应该问问自己，平时在辞气和神色之间，自己有鄙夷不屑、蛮横粗暴的表现吗？平时在对人对事方面，自己有欠诚实、贪图私利的存心吗？自问之后，要是答案全都是没有，那是最值得欣慰的事情。为什么最值得欣慰？因为这就可以以身作则，给学生教守则的这些条目，收到切实的效果。要是答案是有，或者有一点儿，那就非赶紧戒除不可，无论自己的这种毛病轻还是重，自己的这种表现厉害还是不厉害，自己的这种存心深沉还是不深沉，总之要戒除得干干净净，不让在自己身上留下一丝儿根芽。为什么要这样做？因为不这样做就不能以身作则，就没法给学生教守则的这些条目，收到切实的效果。

关于不怎么样的条目如此，关于要怎么样的条目也如此。教师自己不努力做个好教师，能叫学生"努力做个好学生"吗？教师自己不跟周围的人友爱团结，互相帮助，能叫学生"和同学友爱团结，互相帮助"吗？以此可以类推，不必多说。

小学生守则已经公布，全国各地将积极地、有步骤地贯彻执行，我诚恳地对全国小学教师贡献这一番话。我相信全国小学教师都怀着为人民服务的意愿，必然能够以身作则，实行"身教"，使小学生真从心里说出守则的这些话，真拿这些话勉励自己，管住自己。

1955年4月3日作，原题《实施小学生守则，教师必须以身作则》，

刊《小学教师》4期，署名叶圣陶。

教师怎样尽责任

　　今年是制定第一个五年计划的年头，全国人民拥护这个五年计划，愿意尽心竭力实现这个五年计划，现在逢到国庆，庆祝的心情特别热烈。我怀着这样的心情写这篇短文，跟教师共同庆祝国庆。

　　实现五年计划的是人，第一个计划之后还有第二个、第三个，实现这些计划直到建成社会主义社会的是人，而教师就是培养这大批大批的人的，所以教师非常光荣，可是担当的责任也很不轻。这个道理谁都明白，我不多说。我说一说教师怎样尽他的责任。

　　我想，教师首先要认识他所教的学生。学生的状貌、性情、家庭情况之类固然必须认识，可是我所说的认识并不指这个。

　　排列在教师面前的学生将做什么样的人，这能不明确地认识吗？学生目前处在什么样的社会里，这个社会将过渡到什么样的社会，他们在这里头将起什么样的作用，这能不明确地认识吗？我所说的认识就指这个。

对这个有了明确的认识，才能就学生的体质方面，知识技能方面，道德品质方面，思想感情方面，脚踏实地地按部就班地做培养工作。这个认识是根本，是源头，不抓住根本，不探到源头，培养工作就成无本之木，无源之水，结果必然是培养不好，徒劳无功——也就是没有尽教师的责任。所以，教体育也好，教语文也好，教史地也好，教理化也好……都不能按"为什么而什么"的公式办事；必须从学生出发，认清楚教体育、语文、史地、理化……跟培养学生的总目标有什么关系，该怎样教才达得到培养学生的总目标。教的是某一门功课，为的是针对着总目标给学生必要的培养。

说到怎样教，对学生还得有所认识。不认识他们身体发展的情形，怎能培养好他们的体质？不认识他们获得知识和掌握技能的过程，怎能培养好他们的知识技能？不认识他们躬行实践该取什么途径，怎能培养好他们的道德品质？不认识他们的思想形成和感情深化的过程，怎能培养好他们的思想感情？这些都必须认识，不然，任你辛辛苦苦地教，实际上只是盲目地教——也就是没有尽教师的责任。所以，生理学、心理学、教育学之类非钻研不可。钻研这些学科越深，认识学生身心就越真，教起来就越有把握。

关于认识学生，就说到这儿。

其次，我想，教师要经常注意，让学生把学到的种种东西运用到实践中去。换句话说，无论知识、技能、思想、道德，教得学生懂不得、说不清，当然非常不好，就是教得他们懂得了、说得清了，也还是不够，因为懂得了、说得清了还可能跟实践脱节。必须让学生懂得一分就在实践中运用一分，懂得两分就在实践中运用两分，才算教得真有了效果。不为在实践中运用，学生还有受教育的必要吗？再打个比喻，把知识、技能、思想、道德教给学生，必须让学生像吃了适当的食品一样，把它充分消化，化为自身的血肉。

这跟前一点有连带关系。对学生认识得透彻，自然会知道学生受教育为的什么，自然会把所教的一切东西归结到实践，因为影响到他们的实践才真是教了他们。

教功课必须用课本，但是讲明了课本，让学生记住了课本，决不能就算了事（不讲明课本当然更不能算了事，那不必说了）。课本只能当工具看，当手段看。通过这些工具和手段，使包含在里头的种种东西在学生的思想、意识、行动、工作方面起积极的作用，这才是目的。教师要尽责任，就得努力达到这个目的。

所以，教语义不仅要学生熟读课本，更重要的在使学生在生活里扩大词汇，掌握语言的规律，增长表达的能力、从文学作品的阅读中提高思想的境界。教自然地理不仅要学生记住课本，更重要的在使学生在生活里熟悉地理环境，无论水流风吹，天气变化，都能知道该怎么样适应，该怎么样利用。教植物动物也不仅要学生记住课本，更重要的在使学生在生活里熟悉周围的那些植物动物，它们怎么样跟环境一致，它们怎么样发育生长，都能知其所以然，而且能利用这些所以然为人们的生活谋福利。……不再一科一科列举了。总之，教学不能不从课本入手，可是决不能限于课本里的语言文字，课本里的语言文字原是实际的反映，必须通过它而触及实际的本身。要是学生头脑里有这么一种印象，课本是一回事，实际又是一回事，彼此连不到一块儿，那就是教学上的大失败。

再说，教给学生行为的规范和道德的标准，不能不用语言讲明一些道理。教师不给讲明，学生就不明白那些道理，怎么能自觉地实践呢？但是，决不能讲过就算，最要紧的还在随时考察学生是不是自觉地实践了。给他们讲，目的就在要他们自觉地实践，要是他们不能自觉地实践，那就等于没有讲，非重新考虑，另想办法不可。列宁说过，对青年的教育不在于灌输给他们一切令人悦耳的道德的辞句，而在于自觉的斗争，在于在日常生活中养成共产主义的行为标准和规范。口头讲说诚然是一种重要的办法，可不是唯一的办法。照列宁的话，好好地从旁辅导，让学生作自觉的斗争，在日常生活中自动地合乎标准和规范，这种"不言之教"是一种有效的办法。还有，教师以身作则，教师本身的行为就是标准和规范，也是一种极有效的"不言之教"。

关于让学生把学到的种种东西运用到实践中去，就说到这儿。

可以说的很多，以上两点是最主要的。要做到这两点，得付出无量的心思和劳动，努力不懈，终身以之。可是，我知道教师们为了在这伟大的时代尽分内的责任，一定乐于付出无量的心思和劳动。

1955 年 9 月 19 日作，

刊 10 月 1 日《文汇报》，署名叶圣陶。

教育工作者的全部工作就是为人师表

我在《教工》杂志去年的第三期上题过如本篇标题的一句话，现在方明同志要我把这句话大略伸说几句，就执笔写这一短篇。

第一点——通常说教育工作分"言教"和"身教"，以"身教"为贵。这一是不错的。不过仔细想想，要是自己不明白某些道理，不擅长某些方法，怎么能说给学生听？这是一层。要是光能说明某些道理和方法，而在平日的实践中并不按照自己所说的道理和方法行事，那给与学生的不良影响是不必细说的。所以凡是自己的实践必须跟说给学生听的一致，这是又一层。从以上说的两层看来，"言教"并非独立的一回事，而是依附于"身教"的；或以言教，或不言而教，实际上都是"身教"。"身教"就是"为人师表"，就是一言一动都足以为受教育的模范。

第二点——知识学问无止境，品德修养无止境，这是古今中外凡是有识见的人一致的认识。所以就个人来说，谁也不该固步自封，说我是够了，凭我现在这一身本领，可以应用一辈子了。至于教育工作者，担负的既然是教育工作，就不能不就当前国家的形势，就受教育者的前途，考虑该怎样"自处"。当前国家的形势怎样？两个文明必须大力推进，四化建设必须赶速完成，全国各族人民都在为此而勤奋努力，各方各面都开展前所未有的新局面。受教育者的前途怎样？回答一句话就可以概括：唯有投身到上面所说的洪流中去，各自尽一份应尽的力量。受教育者的前途既然是这样，教育工作者自当从这些方面训练他们，熏陶他们。就教育工作者个人方面来说，当前国家的形势既然如此，自己是全国各族人民中的一分子，本该德才兼备，知能日新，一心为公，实事求是。何况自己担负的是教育工作，无论言教或是不言之教，总之要把自己的好模样去教人，才能收到训练和熏陶的实效。把自己的好模样之教人就是"为人师表"。

　　第三点——"知也无涯"，没有接触过的事物不能知，没有探索过的道理不能知。现在是 20 世纪 80 年代，人类的进步事业飞速发展，宏观世界和微观世界的奥秘都有极其丰富的发现发明。但是决没有到了尽头，很可能没有发现发明的比已经发现发明的还多得多。所以谁也不能是全知全能的人，只能是个"知之为知之，不知为不知"的人。教育工作者当然也如此。不过教育工作者必须为当前的受教育者着想，将来攀登新高峰窥见新奥秘的正是他们，非趁早给他们打基础不可。基础怎么打？还是身教为要。事事不马虎，样样问个为什么，受教育者看在眼里，印在心里，自然而然会养成钻研探索的良好习惯。

至于一切事物后来居上的道理，历史洪流好比接力长跑的道理等，虽然只能言教，如果例证确凿，说理透彻，受教育者也会受到良好影响。我以为在当今的时代，这是教育工作者为人师表的极其重要的一项。

我就说以上三点，自知不免有重复处、欠透彻处，请方明同志和本刊的广大读者予以指教。

1984 年 3 月 7 日作，

刊《教工》月刊 4 期，署名叶圣陶。

父母的责任

当教师的遇到了难以训教的学生，便微微引起灰心，想："这个学生是怎么生成的，竟会这样不堪教育。"留心社会情状的遇到了举措失当、行为不良的人，便轻轻叹一口气，想："这个人是怎么生成的，竟会坏到这个地步。"这是最平常而且带着普遍的情形。就是那些被疑怪的人，对于他们所接触的人物，也许会产生同样的疑怪。不要说从今以后，想来从今以前，这样的疑怪也常常涌现于多数人的心里。

即使不讲高深的学理和生物的本能，教育的力量总是一个不可否认的信仰。我们对于不论什么事情，总是一方受教，一方学习，那就能了，会了，否则就不能不会，这就是教育的力量的有力证明。这里所谓的教和学，须是合理的，有方法的；而有力量的教育，本来就指的这一种。教育既然受到了人们的信仰，同时就对人们负了责任：说好坏似乎有点含糊，不如说一个人能够或会生活在大群之中，所作所为都非常正当，就是教育的功劳；一个人不能够或不会生活在大群之中，一切都不正当，那就是教育的错失。

于是，前边的疑怪声中的问题可以解答了。不堪教育的学生不是天生的，全是教育的错失。

有人会问：学生不是正在受教育么？社会上的人不是已经受过学校的教育，现在正在受社会的教育吗？若说教育不好，有所错失，这是千头万绪，牵一发而动全身的事，那么眼前将怎样办呢？

这样的问题涉及教育的优劣的范围。但是我的意思不在这一点，乃在最初的时候，一个人在幼稚的时候，教育却闪在一旁，不与幼稚的人见面：我认为这一点是教育的错失。不论方法是好是坏，有总胜于无，有方法而并不好，以后可以改正，无方法就根本上完了。有许多不幸的婴儿和孩子，在他们入世的最初的时期中，绝对看不见教育的脸色。教育对于人类既然负有特别的责任，为什么不早些露出面目来呢？这不是教育的错失吗？

教育是附丽于人而后显出它的作用的，离开了人，也就没有教育了。所以说教育的错失，意思就是负有教育责任的人的错失。对婴儿和孩子负有教育责任的，当然是父母。做父母的倘若没有好的教育，也没有可以改正的不好的教育，只是不教育，就是一个重大的错失。婴儿和孩子时期，在一个人的一生中多么紧要，一切人类的理解习惯，都从此时获得。若能受到好的教育，岂不更可以超越地进取；反过来说，倘若受不到一点教育，就是极深重地被损害。而父母便处于损害者的地位，因为他们是负有教育责任的人，但是并没有教育他们的子女。

做了父母，就注定应该负教育子女的责任，在生物进化的途径上显示得很明白，但是，教育一个婴儿或孩子没有母鸡教育鸡雏那么容易，除了本能以外，还需要知识技术等的帮助。所以母鸡的事业总得到成功，而在人类中，父母的事业非但成功难必，或且全然不能做教育这件事。要教育子女却不能做，不做又是重大的错失，使做父母的十分为难了。但是应负的责任总在那里，不因为难而减轻。

做父母这件事是不自料的，并不希望做，然而子女来了，就不得不做，同时也就负上了很重大的责任。那些确然不能负起责任的父母，好在大多是不自知的；如其自知，不知要怎样懊恼他们自己犯了这样大的错失呢！更从他们的儿女方面说，受到的损害是多么沉重：最初的权利丧失了，最重要的受教育的时光虚度了；虽然随后有种种的教育，但是在先的根本不坚牢，怎么会得到充分的发展呢？

如果我说，人类生子女不会立下预算表，这似乎是句滑稽的话。然而实际的情形确然如此。试问谁曾经想过希望有几个子女，能够有几个子女？大家只是个不经意，任自然支配罢了。在这个不经意之下，从今以前，做子女的因为父母的不教育受了多少损害，恐怕是一件最难的而且无法统计的事。我们试作空想，假使做父母的都曾列过预算，自己知道能够负起教育的责任才生子女，子女就会大大改观，不同于已然的情形，而现在的世界，也当跟着大大地改观了。可惜这终于是个空想，预算表仅仅应用在处理经济和事务等上面。

以前的错失且不去管它，做父母的总要希望能尽所负的责任，即使延迟到从今天起，总比不能尽责好得多。过分的力量自然没法去尽，在可能的范围内须得努力做去，直到人家的怪疑声起，做父母的可以很安心地不负责任。我们自己都应该做一点有效的事业，并不都为着自己的子女，但是应该知道，教育子女也是事业中的一部分。这一部分不能做到，不说大的远的，就是不爱自己的子女，就是不应当有子女。

我不是说滑稽话，为了前面的意思，我们得列个预算了：我们能教育几个子女呢？这么一想，从自知之明得到了解答，于是生下适如其量的子女。过了量呢？那就很为难，因为父母的心力有限，分配于过量的受者，就使受者得到的平均打了个折扣。我们更可以这样自问：我们究竟能不能教育子女呢？如其不能，那就不任自然做主，权自己操，竟然不做父母；尽可以到以后能够教育子女的时候再做父母；如果自觉永远不能，就永远不做。这不是不可能的，我们愿这样做，就能做到。

父母爱自己的子女，喜欢给他们吃肥美的食物，穿温厚的衣服。这固然不错；子女身体上的要求，父母能使他们满足，不能说这并不是爱。但是能够给子女以教育，更是深浓强烈的爱，因为饱了他们心灵的饥饿，暖了他们心灵的寒冷了。若能适宜地生育子女，——与以教育，当然是父母的深爱；倘若自知不能教育而不生子女，也见得对于未生者的无穷的爱。

1922 年 10 月 3 日作，

刊 10 月 6 日《时事新报·现代妇女》4 期，署名郢。

献给做父母的

我们不论做什么事情的时候，最希望的是环境的安静，没有一点纷扰。果真如我们的希望，所做的事情很顺当地达到成功的境界，那是再舒快没有的了。可是这种希望往往不能满足。安静的环境很难得持续，有时朋友来了，有时意外的事情发生了，有时自己的心情忽有所触，想到别的地方去了，于是事务中途停顿，不能径向成功的方向前进。虽不能说此后就无成功之望，而当时所受的意志的阻遏，后来所需的重行奋励，都是本来不必受、不必需的。归究到根，都是事情被中途打断的缘故。

家中有孩子的，这样情形更经常遇到，因为孩子就是打断大人做事的魔王。他们不肯安定，忽然叫起来了，使大人的听官感受不安。他们手不大肯宁息，拿起什么东西就弄，不管是有危险的或者有用处的，这就引起大人的爱惜惊恐等心绪。大人在那里写字，他们跳跃着玩耍，地板震动起来，连带了桌子。大人在那里结绒线，他们抢着线球便抛，弄得绒线满地，纠结不清。逢到这样的时候，大人总要受点儿影响，影响的结果，就是事情中途停顿。

事情中途停顿了，不能不有所反应，这是很自然的。最普通的是怎样一种反应呢？大人的手举起来了，面孔当然板着，在孩子的身上乱拍，拍着什么地方就是什么地方，直到那只手以为不必再拍了才止。孩子于是啼哭起来。有些大人认为这样不好，或者还没有养成这举手拍孩子的习惯，便换一种办法，提起喉咙便骂。讨厌！可恨！不懂道理！全没规矩！坏孩子！不成样的东西！种种粗暴的话轮流运用，用个痛快才歇。孩子于是吓得不敢响了，眼光像一只猫儿面前的老鼠，有时把头伏在臂膊上哭了。

这是最普通的反应。固然，容易不过的、最快心意的办法要算这两种了。犹如旋开自来水管的开关便有水流出来，这两种反应随机而发，真是再便当不过了。

但是我们得想一想，事情被中途打断确属可恨，而罪孽是不是应该归于孩子们？这就要想到孩子是有心还是无心，想到大人与孩子们见解有何差异等问题。有心捣乱，罪孽诚不可赦；无心作恶，又不十分厉害，就应该归入免究之列。并且作恶云云，也只从大人方面而言，孩子们何尝懂得什么恶！高声叫起来，他们只是一时的兴会，自己也不可遏止，何曾知道是大人们厌听的？手拿东西最是平常的事，前天如此，昨天如此，当然现在也如此，他们何曾知道这件东西却因危险或者有用而不能弄呢？跳跃便跳跃，他们何曾想到会影响写字的桌子？见球就抛球，他们何曾想到会弄乱了绒线？这等事在他们看，正同吃饭睡觉一样正当，一样的平常，吃饭睡觉不招打骂，而现在忽要挨打挨骂，不是最奇怪的事吗？劈头劈面的挨了一阵，却不知道为了什么，原来他们同大人站在见解完全不同的基础上。

孩子们身体的残伤，心志的摧戕，现在且不说；专从大人方面说，这种行径使孩子们想那大人这样喜怒无常，不是个疯子，就是个不可了解的怪物，于是慢慢地和大人疏远起来。这种疏远要弥合是非常困难的，仿佛瓷器上有了一条裂缝，痕迹终于不能泯灭了。谁也不喜欢有这样一条裂缝，可是大部分的父母时时在那里砸，特意要造成这样一条裂缝！

一时的冲动过去了，大人也极容易悔恨起来：觉得刚才打重了，不知伤了孩子没有；觉得刚才骂重了，不知气了孩子没有。再想孩子们的过错实在轻微得很，何必小题大做，演出一大套把戏来。于是仿佛有点儿看不起自己的手和口，甚至去抚摩孩子的被打的处所，逗孩子笑乐。孩子更觉得不可捉摸了，他们想，原来装凶扮善全是闹着玩的；彼此的疏远还是不可避免！

既悔于后，何如不做于前？悔与不悔等，何如绝了这引起恨恨的根源？这不是知识的问题，因为骂孩子、打孩子这等事为什么不对，是极容易明白的；即使不明白，基于父母的爱也就够了。所差的只在要悟于常时而不要悟于事后，要使这种觉悟不被感情冲动暂时蒙蔽，的确有一点儿修养上的关系。这里所谓的修养其实极浅，大人只要练成一种习惯：当觉得孩子们有什么动作近于扰乱时，不要便厌恶他们的扰乱而动起感情来；而从他们的动机着想，知道他们出于无心，更从他们的见解着想，而知他们决无可厌恨之理。至此，感情的冲动便遏抑住了，决不至于突然爆发。

可是，事情因此中途停顿总是个缺憾，甚至是不可弥补的缺憾。在人群中做事，这等缺憾多着呢。但是也非绝对不可弥补，大人能为孩子们妥善地设法，使他们有一个自己活动的世界，就不再闯入大人做事情的世界里来了。大人和孩子们在一起，有空的时候才逗着孩子玩，不空的时候就把他们抛在一旁，甚至不许他们动一动，本不是个妥善的办法。

有人说，使孩子们有一个自己活动的世界，确是一句好听的话。但除了最少数人家以外，谁能做得到呢？我想，要做到虽然不能只靠经济为基础，而所以不能做到，却由于经济的原因。于是我要起其他的感慨了。

原题《供献给父母的》，
刊 1923 年 1 月 6 日《时事新报·现代妇女》13 期，署名郢。

跟高小和初中毕业同学的家长谈谈

现在我写这篇文章，要对高小和初中毕业的同学的家长说几句话。家长们愿意孩子升学，将来担负些重要的工作，一般来说是好意。但是这样的好意有想得不够周全的地方。譬如认为唯有升学才可以多学些本领，不知道不升学也可以多学些本领，这就是不够周全。又如什么样的工作才算重要，要是追问到底，恐怕也想得不大明白。不知道只要是对人民、对国家有益处的事，全是重要的工作，全值得让孩子去干。

以下我准备分别对三类家长说话：一类是农民家长；一类是市民家长；一类是干部家长。

我知道有一部分农民家长这么想，农业生产劳动是苦事情，自己喜欢孩子，总望孩子摆脱这个苦事情，另外去干些轻松的工作。换句话说，就是希望孩子改行换业。我要直爽地说，这样的想法是错误的。

从前当农民的确苦，种种的剥削压在肩膀上，压得气都透不过来，一辈子为人做马牛。但是解放以后接上来就是土改，农民成了土地的主人，又依据自愿原则组织起来，逐步走上互助合作的道路。互助合作的结果是生产显然提高，物质生活和文化生活更有进步，这都是大家亲身经历的事实。还有，新式的农具正在大量推广，在第一个五年计划里，就明白规定要加强拖拉机站、抽水机站的工作。这就是说，农业方面的沉重的体力劳动将逐渐由机械替代，将来的远景是农业劳动跟工业劳动一样，主要是操纵机械，不再是沉重的体力劳动。这么些活生生的事实摆在面前，农民应该体会到今后搞农业生产是越来越有好光景，跟"苦"字完全搭不上。在现在这时代还说农业生产是苦事情，分明是没有搞清楚现在跟从前的不一样，分明是把现在跟从前同等看待了。

也有人说干农业生产不光荣，是丢人的事情。请想一想，这是什么样人的想法？原来是地主的想法。从前地主不劳而获，只顾伸手拿来，他们自以为这样才是光荣，就说养活他们的农民不光荣。现在翻了身的农民怎么能照抄从前地主的想法呢？李富春副总理在关于发展国民经济第一个五年计划的报告里说："发展农业是保证工业发展和全部经济计划完成的基本条件。"也就是说农业生产是社会主义建设的基本条件，干这样的事情还能说不光荣吗？所以我说认为农业生产是不光荣的想法也是错误的。

我知道一部分农民家长还有这么个想法，认为既然要搞农业生产，那何必学什么文化，何必在高小和初中里毕什么业。这种想法也是不对头的。各地的事实已经证明，高小和初中毕业生参加到农业生产合作社里去，确实起了很大的作用。他们在合作社里当会计，当技术员，从学校里学到的文化全用得上，合作社正需要这样文化程度的人呢。干惯农业生产的人固然有实际经验，可是现在的农业生产要提高，光凭经验是不够的，必须加上文化知识。这批毕业生带着文化知识回到农村，正所谓刚好合拍。他们干了一些时候，文化知识又加上实际经验，不正是推进农业生产的生力军吗？所以家长们应该为孩子有了高小或是初中的文化程度感到欢欣，尽可以让孩子试一试，看他们参加到农业生产里到底怎么样。我知道试过以后，家长们一定会满意地说："果然不错，没想到他真有这一手！"

我知道有一部分市民家长想法很单纯，认为在城市里又不能参加农业生产，孩子毕了业只有一条路，就是升学。其实并非只有一条路。那么另外的路是什么呢？我说是就业。就业是个总的说法，分别开来说，"业"包括各行各业，那就很多很广了。所谓"就"，其实是学习的意思。说得确切些，就业就是在各行各业里头挑一样学习，学会了就干那一样。

我猜想有些家长会这么想，就业也很好，可是自己没法找到什么行业，要是政府能够包下来，那就好了，什么行业都乐意干。我要直爽地说，这种想法完全依赖政府，在目前的情况下是不切实际的。政府当然关心所有的人的工作，可是在发展国民经济第一个五年计划的第三年，政府不可能把所有的人的工作都包下来，要是那样做，就把五年计划打乱了，那是绝对不能容许的。因此，家长们不应该存这种不切实际的想法，应该另外找实际的路。什么是实际的路呢？就是凭自己的劳动经历，通过亲戚朋友的关系，给孩子在各行各业里头挑一样学习。其次，家长干哪一样的，尽可以让自己的孩子也学哪一样。譬如家长擅长一行手工艺，就让孩子学这行手工艺，把所有的经验和窍门都教给他，加上他自己的钻研和历练，很有希望干得比家长更精。这不是很好的事吗？

解放以来，盛行物产交流，各地都有很好的手工艺品，一拿出来，全国人都非常喜爱。但是一问有多少人在那里制作，往往听说人手不多了，或者说只有几个年老人能做了。这一方面很需要补充后备力量。其他如中医、木工、铁工、理发工、修车工……哪一行不需要后备力量？家长们不替孩子尽心竭力地设法，自然觉得没有什么路，要是真能尽心竭力地设法，路就出现在面前了，而且不止一条。主要的理由是各行各业只要是有益于社会的，决不会消灭，只会随着社会生活的发展而发展，因而补充后备力量是经常需要的。

这些各行各业，有的已经组织起来，有的还只是个体劳动。但是按照国家的政策和社会的趋势，即使是个体劳动，将来也会逐步组织起来。如果问前途好不好，回答应该说好的。为什么好？因为组织起来之后，就跟产业工人和合作化的农民一样，大家合在一块儿，可以不断地提高所干的行业。参加各行各业的人也是挺光荣的，因为他们都是劳动者，各尽所能，供应社会的需要。假如把整个社会比作一架大机器，每个人就是大机器上的一个螺丝钉。每个家长都应该毫不犹豫地让孩子去做一个为祖国服务的螺丝钉。

我劝家长们尽心竭力地为孩子们设法，给孩子找一种行业，要是结果找不着，怎么办呢？那么让孩子自学，为将来参加生产劳动或是升学做好准备。去年上海有一万四千多个高小和初中毕业生在社会各方面的支持下努力自学，成绩很好，今年六月间举办自学成绩展览会，有很多创造性的制作。从这个例子就可以知道自学是有意义的，能够获得进步的。再说，现在党政和人民团体各方面都注意这件事，都在想方设法给自学的孩子具体的帮助，这也是自学有成绩的重要保证。

我首先要劝告家长们，不要认为把孩子留在家里是麻烦事。请想一想，留在家里嫌麻烦，推了出去可以样样不管，这不是对孩子不负责任是什么？家长对孩子不负责任，在孩子的种种方面都有不好的影响，那是绝对不成的。

现在我要对干部家长说话了。听说有些干部家长有这样的想头，"我的孩子总该升学吧"，言外有"我的孩子"跟人家的孩子不同的意思。我特地提出来说，目的在警醒存着这种想头的干部家长，这种想头是思想上的毛病，我希望他们去掉它。谁也没有什么特权，在今天已经是常识了。升学并不高于一切，从事生产劳动是光荣的事情，不是也将成为常识了吗？

我们很多干部家长都是好家长，他们应该以身作则，照国家的政策办事。自己的孩子升不成学，就应该让他从事生产劳动。就业也不成，就应该暂时留在家里让他自学。这样办的时候不但妥善地安顿了自己的孩子，而且给群众作了实际的范例，宣传效果比利用语言文字更大。这是每个干部家长应尽的责任。群众见实际的范例很不错，很有道理，也就能妥善地安顿他们的孩子了。

现在各地升学考试举行过了，考试的结果已经发表。投考的孩子总有一部分考不上的，我要恳切地对他们的家长说以下的话。

第一，千万不要责怪孩子。学校名额有限，考不上不是孩子的过错。因此，既不该讥笑孩子，更不该打骂孩子。家长们要是认为我在前边说的那些话有道理，也就无所谓不痛快，也就决不会把没有过错的孩子讥笑或者打骂了。如果孩子情绪上有些不安，家长就应该好好地安慰他，把正确的道理告诉他，然后妥善地安顿他。如果孩子想得很明白，乐意在各行各业里头挑一样学习，乐意继续自学，家长更应该欣然赞同他，为他做种种努力。请想一想，是自己的孩子呢，是将来的社会成员呢，无论按家长的身份说，还是按公民的身份说，对孩子的事情都不能轻率处之。唯有依照国家的政策和教育的原理办事，才是最正确最妥善的途径。

第二，千万不要埋怨政府。国家办学校、招学生都有计划，这些计划既照顾了人民眼前的利益，又照顾了人民长远的利益；既考虑了人民的要求，又考虑了目前的条件。那么，说为什么不多办些学校，就有点儿无理埋怨的意味了。谁要是不明白道理，随便说这种无理埋怨的话，就会对革命事业造成不利，而且，很容易为暗藏的反革命分子所利用。试想这不该特别警惕吗？所以说，每一个好家长都应该跟人民政府一条心，共同为孩子克服困难，帮助他们走上正确的道路。

1955年8月6日作，

刊18日《中国青年报》，署名叶圣陶。